柏拉图读本

刘小枫 主编

Λύσις

吕西斯

[古希腊]柏拉图 著
贺方婴 译

夫人虽有性质美而心辩知，必将求贤师而事之，择良友而友之。得贤师而事之，则所闻者尧、舜、禹、汤之道也；得良友而友之，则所见者忠信敬礼让之行也。身日进于仁义而不自知也者，靡使然也。

——荀子《性恶篇》

"柏拉图读本"出版说明

为了顾及不同层次的读者,中古伊斯兰哲人阿威罗伊(1126—1198,宋靖康元年至宋庆元四年)为柏拉图作品做注疏时,采用短篇、中篇和长篇三种样式。阿威罗伊很可能考虑到,即便喜欢柏拉图作品的读者,心性也多种多样,精神爱好各有不同。

即便在今天,一般读者仍然喜欢注释不多的柏拉图译本,否则会觉得有损阅读时的畅快。少数读者喜欢带长篇笺注的译本,考订语词和辨析文句越琐细越觉得过瘾。柏拉图的《克莱托普丰》原文不足万字,有位英国学者作笺注成书后竟然有近500页。

自有柏拉图书,借用我国古人的说法,可谓"天地已洩其秘，而浑穆醇庞之气，人日由其中而不知是道寄于人，而学寄于天"。直到今天，柏拉图书基本上仍囿于学院深宫，向学者不敢也难以问津。其实，前人幼入家塾即接触圣贤心脉，若今高中生也能读到柏拉图书，无论见浅见深识小识大，也莫不有灵魂之辨行乎其间。

有鉴于此，受阿威罗伊中篇注疏启发，本系列以柏拉图中篇和短篇作品为主，长制作品（《王制》和《法义》）则选取其中相对独立的篇章，为天下读者提供便携便览的柏拉图读本。译者注释以疏通对话脉络为要，即便对人名、地名、典故及特别语词下注，也尽量娓娓道来，力戒繁琐枯燥。译注尤其着力解析对话进程中的机关暗道，提示修辞上的弦外之音，与读者一同深入文本肌理，体味柏拉图笔法之精妙，而中所自得，识见之偏全，则不必强之使同。

柏拉图作品的场景和内在情节至为重要，为有助读者深入理解，我们对作品划分章节，施加小节标题。每章之前，译者均给出简扼题解，以述场景或情节大要，必要时章末也衍生附释，以揭示情节突转或袅袅余音。凡此一律用仿宋体与正文区隔，以显经纬之别。

本系列中的译品均以 Burnet 编辑的柏拉图全集为底本，并参考现代西文译本移译。柏拉图作品虽无不是在讨论极为严肃的人世问题，言辞却非常贴近日常，翻译时棘手之处比比皆是。要为诸多省略句式和语气小品词找到恰切的中文表达固已困难，而当遇到某个语词或说法（短语）有多种义项或一语双关时，要准确选择义项或保持一种译法更不容易。译文为补足语气或文意（针对口语中的省略）添加的语词，一律施加方括号[ ]；遇多义项语词或短语需要提示选择性译法时亦然。

柏拉图作品最为基本的教育作用是让我们的头脑变得明智清晰，对自己的灵魂样式尽可能多些了解，进而对人世政治亘古不变的复杂性也尽可能多些认识。至于是否像苏格拉底那样有向往高贵、追求纯然不杂的美的爱欲，则由各人的命相精灵掌管。

以往的柏拉图研究以及教科书上的柏拉图介绍，

往往把读者引向各种形而上学教条。若从对话情节入手，关注文学形式下的思想脉络，我们不难看到，柏拉图笔下的苏格拉底最看重教人如何分辨好坏对错、高尚与卑劣、正义与不义、明智与偏执。面对纷乱的社会歧见处境，期盼柏拉图作品滋育我们养成慎思明辨的习性，不为众言淆惑，不受偏见拘滞，是为"柏拉图读本"系列的设计初衷。

刘小枫

2019 年 12 月

古典文明研究工作坊

目 录

编译说明 / 1

吕西斯 / 1

第一场 谁是美人 / 1

希珀塔勒斯"巧遇"苏格拉底 / 2

谁是那个"美人" / 10

克忒西珀斯的醋意 / 13

猎手与猎物 / 16

幕间一 / 37

第二场 什么才会相互友爱 / 46

血缘之爱与自由的限度 / 51

知识的限度 / 63

幕间二 / 74

第三场　友爱与阴谋　/ 82

　　　　友爱者与被友爱者　/ 84
　　　　诗人的谎言　/ 93

第四场　重新审判诗人　/ 100

　　　　让我们换个方向思考吧　/ 102
　　　　相似者与相反者　/ 105

第五场　谁是美和善的朋友　/ 122

　　　　求善之目的与善自身的可欲性　/ 138
　　　　友爱与欠缺　/ 153

尾　声　苏格拉底的困惑　/ 165

编译说明

柏拉图的短制对话《吕西斯》或许是西方文史上第一篇关于友爱论题的哲学文本，柏拉图笔下的苏格拉底问"谁是朋友？"——这一问题极大地影响了其后哲人的友爱观。

深谙柏拉图思想精髓的亚里士多德对《吕西斯》的研读用力最深，也最细致，并将友爱问题视为自己的实践哲学思考的起点。在《尼各马可伦理学》中，亚里士多德用了两卷的篇幅来讨论友爱，试图回答柏拉图在《吕西斯》中提出的问题，继续先师在友爱论题方面未竟的讨论。

然而，在现代政治哲学思想中，友爱已然没有了应有的位置，友爱论题在现代哲学中的弱化，也许是古今哲学差异的重要表征之一。重拾古人思绪，回到古典语境中探问古人探寻何为友爱的理由，思考友爱在城邦政治生活中的意义，对于今天的研究者来说殊为不易，现代之后的我们与古人的生命感觉已然隔膜——这些都预示了重读《吕西斯》的艰难。尽管如此，友爱问题依然是我们这个时代最要紧、最切己的重要伦理问题之一。

《吕西斯》被称作柏拉图"最迷人同时也最让人困惑"的对话之一。对话中的苏格拉底与他的青年朋友们最终也没有解决"谁是朋友"的问题。在现代研究者眼中，这篇小对话常常被视为"一次失败的哲学推演"。果真如此吗？何以离柏拉图最近的亚里士多德会在《尼各马可伦理学》中以两卷的篇幅继续何谓友爱的讨论，持续关注这个对于政治共同体而言严肃且重要的论题？

本稿依据 Burnet 编辑的希腊文本迻译，并参考 B. Joweet 英译本、Penner & Rowe 英译本、Bolotin 英译本和 Dorion 法译本。注释主要采自这四个现代西文译本，亦适当采编其他西文译本的注释，如

Lamb 英译本、Cooper 英译本、Alfred Croiset &J-F Pradeau 法文笺注本。

其他主要参考文献有：A. W. Price, *Love and Friendship in Plato and Aristotle*, Clarendon Press, Oxford, 1989; M. P. Nichols, *Socrates on Friendship and Community: Reflections on Plato's Symposium, Phaedrus, and Lysis*, Cambridge and New York: Cambridge University Press, 2009; 贺方婴编,《哲学与友爱：柏拉图〈吕西斯〉研究论文集》。

2008 年初稿

2009 年第二稿

2019 年第三稿

吕 西 斯

第一场　谁是美人

［题解］　这篇对话由苏格拉底对一个无名的谈话者讲述，他回忆，自己那天从阿卡德米出来后，本来打算直接前往吕喀昂。令人困惑的是，苏格拉底选择了一条沿雅典城外墙走的路线，结果"巧遇"希珀塔勒斯和克忒西珀斯一伙人。希珀塔勒斯主动邀请苏格拉底一同去新建的摔跤场，还故作神秘地说，那里有一个苏格拉底心仪的美人。

苏格拉底好奇，一再追问美人的名字，害羞的希珀塔勒斯却言语闪烁，不肯明说。僵持之下，他的友伴克忒西珀斯忍不住出言相讥，令希珀塔勒斯大为尴尬。随后，善解人意的苏格拉底接受了希珀塔勒斯的邀请，打算亲自示范如何说话和行事来讨意中人的欢心，由此引出了这场关于何谓朋友的对话……

苏格拉底 [203a]我从阿卡德米出来直接前往吕喀昂,沿着城墙外的路,那条路就在墙根下。[1]

希珀塔勒斯"巧遇"苏格拉底

我走到巴诺珀斯喷泉附近的小门,在那儿偶然遇到希耶罗努摩斯的儿子希珀塔勒斯和派阿尼亚

1　本篇是叙述体,苏格拉底以第一人称讲述他的一段经历。开篇首词"前往"与结尾末一词"寻找"呼应,两词合起来看,无疑是对苏格拉底这位哲人生存姿态的最好描述:一直处在追寻智慧的途中。

阿卡德米和吕喀昂是雅典城外的两大体育馆,各设一个摔跤场。在柏拉图笔下,吕喀昂是苏格拉底最喜爱待的地方。后来,亚里士多德在这里建立学园。其实早在柏拉图和亚里士多德在此执教之前,这些室内操练场就用作城邦的公共教学场所。同样发生在摔跤场的柏拉图对话还有《卡尔米德》《拉克斯》《泰阿泰德》《智术师》。

苏格拉底刻意向听者强调,他选择了一条沿城墙走的路线。熟悉雅典城的听者大概清楚,要从阿卡德米出发直接前往吕喀昂,苏格拉底就不应该走这条路。

区的克忒西珀斯，¹ 另外一些少年（neaniskois）则与

1　巴诺珀斯字面有"通观"之意，是雅典本土神祇。《吕西斯》以苏格拉底的第一人称叙事，叙事视角与写作视角重叠，苏格拉底有如一位通观的神。此外，巴诺珀斯还是阿耳戈斯（Argus）的绰号，这位看见一切的百眼巨人，在赫耳墨斯营救宙斯的爱人伊俄（Io）的时候被杀死。《奥德赛》中乔扮乞丐回到家中的奥德修斯被家门口的忠犬一眼认出，那只老迈的狗名唤阿耳戈斯。

苏格拉底从阿卡德米到吕喀昂根本不必经过巴诺珀斯喷泉的后城门，这一细节侧面证实，一再重申要"直奔"吕喀昂的苏格拉底实际上走了一条相当绕道甚至南辕北辙的路线。苏格拉底可能在撒谎，他声称要**直奔**吕喀昂，实际却有意绕道而行。可见他与希珀塔勒斯那伙人并非偶遇，很可能是精心安排，否则不可能遇上他们。

苏格拉底称希珀塔勒斯为"希耶罗努摩斯的儿子"，一方面点明希珀塔勒斯的家族来历，同时也暗示苏格拉底与他之间的辈分差异。苏格拉底以家乡来指称克忒西珀斯，柏拉图似乎要借此显示苏格拉底与这两人亲疏有别。

第欧根尼·拉尔修在《名哲言行录》中提到过，雅典

他们 [a5] 一大群人站在一起。¹

希珀塔勒斯瞅见我正朝他们走过来,就说:"苏格拉底啊!你要去哪儿,[203b] 从哪儿来?"²

"从阿卡德米来,"我答道,"我要直接去吕喀昂。"

"过来啊,"他说,"直接到我们这里来吧。难道你不想停靠一下?准值得。"³

的希珀塔勒斯是柏拉图的学生之一,但按年纪来说,不大可能是《吕西斯》中的希珀塔勒斯。参见《名哲言行录》(III, 44–46)。

1 苏格拉底用来描述这群年轻人的词语与柏拉图在《法义》中用来描述兽群中毫无秩序的小马是同一个词。《吕西斯》开篇出现的这群混杂一堆的青年人,在接受苏格拉底谁是朋友的教诲之前,的确如同一群小马,毫无秩序。

2 苏格拉底没有主动上前招呼,似乎在等待希珀塔勒斯首先看见自己。希珀塔勒斯则显得与苏格拉底相熟,主动上前打招呼,看来他急于知道苏格拉底的目的地。

3 希珀塔勒斯用了一个相同的词"直接",建议苏格拉底"直接"加入他们,语气短促。作为晚辈的希珀塔勒

[b5]"你说的是哪儿啊,"我说,"你们又是哪些人?"¹

"我指这儿,"他说,给我指一处场所,围墙环绕,大门正敞着,"这就是我们消磨时间的地方,我们中的一些人现在就在那里,还有别的许多美人。²

斯用这种口吻跟苏格拉底说话,多少有些冒失和鲁莽。《吕西斯》开场部分三次出现"直接"一词,然而行动者实际上都没有采用直接的行动方式:苏格拉底没有直接前往吕喀昂,更没有直接加入希珀塔勒斯一伙,全篇对谁是朋友的论证过程同样迂回曲折,没有直接得出结论。

1　苏格拉底一再强调要直接赶往吕喀昂,希珀塔勒斯居然还能有这种自信,可见熟悉雅典城的希珀塔勒斯显然知道苏格拉底并不是真的着急去吕喀昂。不过,苏格拉底并没有马上回应希珀塔勒斯的"加入我们"的要求,反而继续问希珀塔勒斯要去哪里,与他一起的"我们"到底是些谁。看来,苏格拉底对希珀塔勒斯此行的目的地以及他的同伙是哪些人更为好奇。

2　希珀塔勒斯没有正面回答苏格拉底的后一个问题,他只强调了那些美人的特征:人数多,相貌漂亮。希珀塔

[204a]"这是什么地方,你们怎么消磨时间?"

"摔跤学校,"[1] 他说,"新近建的,我们大部分时

勒斯显得相当了解苏格拉底的性情。

在柏拉图的对话《卡尔米德》中,对话开场的情境便是苏格拉底刚从波伊俄提阿战场回来,就迫不及待地去了王后神庙附近的陶瑞亚斯摔跤场(Taureas),因为那儿聚集了许多雅典青年人。经过一番寒暄,苏格拉底主动向凯瑞丰和克里提阿斯打听雅典的哲学现状,以及有没有新冒出来的既智慧又漂亮的青年(《卡尔米德》153d3–5)。

在《吕西斯》开场,苏格拉底则表现得不同寻常,非但不主动询问希珀塔勒斯哪里有智慧且漂亮的青年人,反而对希珀塔勒斯主动的"引诱"表现得毫无兴趣。

1 摔跤学校一般为私人所有,不像体育场等其他公共建筑为城邦公有。但摔跤学校仍是公共场所,通常是一个露天庭院,围以柱廊,院子里铺满沙子供训练用。柱廊后面有更衣室和浴洗室,摔跤学校大多是公共体育场的一部分。通过柏拉图和色诺芬的记述,我们了解到苏格拉底的日常行踪多数是在体育场或集市。

在柏拉图的对话中,谈话地点在摔跤学校的有两篇

间都在言辞中（logois）度过，[1] 要是你能成为我们中的一员，我们可就太愉快啦。"

"你们干得漂亮啊，"我说，"不过，谁在那儿教你们？"

[a5]"居然是你的一个友伴（hetairos）[2] 呢，"他说，

（《吕西斯》和《卡尔米德》）。这两篇对话在内容和结构上有不少相似之处：皆是以苏格拉底为第一叙事视角的回忆性对话；以摔跤学校为谈话场所；以主要谈话人物作为对话篇名；谈话对象都是漂亮聪明的贵族少年。柏拉图将《吕西斯》这场关于友爱的对话，安排在一所新建的匿名摔跤学校；在《卡尔米德》中，苏格拉底谈话的地点则是陶瑞亚斯摔跤场，陶瑞亚斯（Taureas，按：字面义即"公牛"）是当时雅典有名的训导师。

1　首次出现 logos［言辞］一词。言辞交锋与身体对抗形成一对隐喻：与摔跤学校里那些靠双方身体的撕扯和搏斗来打发时间的人不同，希珀塔勒斯的话无非想表明，他们这伙人热爱智慧，热衷智识探讨和智慧操练是他们的日常生活方式。

2　这里首次出现了本篇对话的关键词之一：hetairos

"崇拜者——米克科斯。"[1]

[友伴],词干是 hetair [伴侣、朋党、门徒、妓女],这个词常用来指称苏格拉底的学生和追随者。它与《吕西斯》中的关键词 philos [朋友] 在某些语境中可以互换使用,不过仍有着根本性的差异。希珀塔勒斯对 hetairos 的运用意味深长。在《斐多》中,柏拉图用这个词来描述苏格拉底喝下毒药那天聚集在他身边的人。

1 米克科斯(Mikkos)的字面义为"小的",他仅出现在《吕西斯》的开场,随后便消失。将智术师米克科斯置入《吕西斯》整篇对话的谈话背景之中,耐人寻味。

在《普罗塔戈拉》中,普罗塔戈拉评价老派智术师伊克科斯(Ikkos)利用体育训练作"外套"(316d10),而像他这类新派启蒙哲人则要把老派智术师用来掩饰智术教育的"外套"抛弃,把应该藏在密室中谈论的话题拿到大庭广众中公然宣讲。

《吕西斯》中的米克科斯很可能是柏拉图对老派智术师伊克科斯名字的戏仿:米克科斯执教于一所新建的摔跤学校,他与普罗塔戈拉同属新派智术师,热衷搞启蒙。这个没有一句台词的米克科斯或许是《吕西斯》中最重要的人

"凭宙斯啊！"[1]我说，"这个人可不是无用之辈，他是一个能干的智术师啊。"[2]

物之一。在这场关于什么是朋友的对话中，新派智术师是苏格拉底的主要对手。

1　第一次出现了祈祷语，也是苏格拉底首次吁请宙斯神，夸张的语气似乎表达了苏格拉底心底的忧虑。智术师当上了这间摔跤学校的指导老师，使得希珀塔勒斯刚才那番声称绝大部分时间消磨在哲学讨论上的漂亮话变得可疑且滑稽。

2　对希珀塔勒斯把米克科斯称作苏格拉底的友伴这一说法，苏格拉底显得不置可否，只是客套地夸赞对方是个了不起的智术师。当时雅典普遍存在鄙视智术师的风气，在《普罗塔戈拉》中，苏格拉底曾提醒青年伙伴希珀克拉底，在大众的眼中做智术师的学生是一件可耻的事。不过，苏格拉底对智术师的批评有别于雅典普通人的俗见，他并非针对智术师的收费教育，而是要试图揭示智术师教育将把雅典青年人带离荷马、品达等诗人开启的诗教传统，引发一场毒害雅典青年人灵魂的启蒙运动。

谁是那个"美人"

"那你愿意跟我们走吗?"他说,"这样你就能亲眼看到有哪些人在那儿啦。"[1]

[204b]"在去之前,我更愿意听到我要为了什么[而去],以及谁是那个美人。"[2]

---

1 希珀塔勒斯显得鲁莽和随意,喜欢信口开河;他把智术师米克科斯说成苏格拉底的友伴,表明他并不真正了解苏格拉底,更不是他身边的朋友,尽管他显得与苏格拉底很熟络。

2 希珀塔勒斯试图用美人来诱使苏格拉底改变行程,可谓抓住了哲人爱美的天性,尽管苏格拉底心目中的"美人"与希珀塔勒斯口中的"美人"有本质的区别。色诺芬在《回忆苏格拉底》中提到,苏格拉底常讲他热爱某人,但他所爱的并非身体方面的年轻貌美,而是他们的心灵的倾慕美德。对于希珀塔勒斯的邀请,苏格拉底并没有马上答应,他继续追问此前没有解答的问题:谁是那个美人。

第一场　谁是美人

"我们各有所好，苏格拉底。"他说。[1]

"那么，你认为谁是[美人]呢，希珀塔勒斯？你跟我说说这个。"[2]

[b5]他被问得脸红了。[3]于是我说："希耶罗努

1　"各有所好"是一个中性、哲学式的答案。希珀塔勒斯避重就轻，不肯直接回答苏格拉底的问题。另一方面，这显示出他对意中人的容貌非常自信，并为此得意，他期待苏格拉底能够亲眼见识他心目中的美人是谁。

2　面对希珀塔勒斯的躲闪，苏格拉底并没有失去追捕的耐心，他一再盘问希珀塔勒斯"他们"是哪些人，目的是要搞清楚那个美人究竟在不在那个新建的摔跤场。苏格拉底问得很直接，他对希珀塔勒斯穷追不舍，毫不理会对方的避而不答可能是出于难言之隐，或者不好意思。另一方面，苏格拉底似乎知道希珀塔勒斯的美人是谁，这次"巧遇"很可能就是他接近那个美人的计划之一。

3　苏格拉底直截了当地揭穿希珀塔勒斯试图掩藏的爱欲秘密。面对苏格拉底的追问，希珀塔勒斯第一次脸红，他的身体直接显露了理性试图伪装和掩盖的东西，说明希珀塔勒斯的天性中仍有真诚的一面。

摩斯的儿子希珀塔勒斯啊，你用不着再说你在爱欲（erais）或不爱欲谁啦，因为我知道你不仅爱上了，而且在爱欲的路上已经走得很远咯。就我自身而言，在别的事情上，我确实微不足道（phaulos），[204c] 而且无用。不过，从一个神那里，我得到了某种能力，我能很快识别一个爱欲者（erōnta）和他所爱欲的（erōmenon）。"[1]

---

[1] 苏格拉底首次提到自己的"无知之知"，他罕见地自夸起来，毫不谦虚地告诉这群青年人，在识别爱欲的对象方面，自己拥有神赐的能力。苏格拉底自我的明贬实褒与对米克科斯的明褒实贬形成对照："无知的"苏格拉底与"智慧的"米克科斯，显得颇为反讽。在柏拉图对话《申辩》中，面对雅典人的指控，苏格拉底同样声称自己无知；可在私下的谈话中，他却不止一次宣称自己通晓爱欲的知识。

苏格拉底在此处用"神"，而非他常用的 daimon［精灵］称呼赐予这一能力的神秘力量。雅典民主法庭对苏格拉底的指控罪状之一便是：苏格拉底引进新神、败坏青年。

克忒西珀斯的醋意

他听到这番话,脸越发红得厉害。[1] 见此,克忒西珀斯插话说:"瞧你的脸红得多迷人,[2] 希珀塔勒斯,[c5] 你跟苏格拉底说他的名字这么扭捏,要是

---

[1] 《吕西斯》中有五次脸红的细节。希珀塔勒斯这次脸红是由于知情者(克忒西珀斯)与探听者(苏格拉底)同时在场,他被迫处于一种保守秘密与公然说谎的两难局面。此外,希珀塔勒斯两次脸红都与爱欲有关,暗示了《吕西斯》关于友爱的讨论基于某种爱欲。两次脸红形成的叙事框架正好将苏格拉底的"无知之知"包含其中,作者柏拉图似乎在暗示哲人,苏格拉底应该保留爱欲的知识。

[2] 克忒西珀斯两次提到希珀塔勒斯的脸红,把希珀塔勒斯脸红的私人状态公开化。身为希珀塔勒斯的朋友,克忒西珀斯的这一行为无疑使希珀塔勒斯更为窘迫和尴尬。克忒西珀斯的醋意透露出他对希珀塔勒斯具有某种本能的独占欲,他无法分享朋友的喜悦,而且克忒西珀斯的

苏格拉底和你待上一小会儿,他会受不了你一再提到那个名字![1]

"说实在的,苏格拉底,他把我们的 [204d] 耳

醋意带有某种情爱的味道。

相似的场景出现在《会饮》(213c8–213d8) 中,当阿尔喀比亚德突然发现苏格拉底躺在美男子阿伽通的身边时,顿时醋意大发,苏格拉底向阿伽通诉苦,自己很害怕阿尔喀比亚德的醋意,认为这是爱欲者的疯狂。

1　苏格拉底主动询问希珀塔勒斯谁是那个美人,然而回答问题的却是克忒西珀斯。克忒西珀斯与希珀塔勒斯是一对形影不离的好友,他还出现在柏拉图对话《欧蒂德谟》和《斐多》中。在《欧蒂德谟》中,克忒西珀斯是克莱尼阿斯的情人,他本人还是贵族少年默涅克塞诺斯的表哥和老师。克忒西珀斯的重要性在于,苏格拉底要依靠他与默涅克塞诺斯的亲戚关系和师生关系,顺利接近他刻意"猎捕"的两位少年。然而,作为这次友爱讨论的发起人之一,除了在《吕西斯》开场部分显得突出之外,从进入摔跤场之后(211d5)直到终场,克忒西珀斯一直保持沉默,在这场友爱的正式讨论中未置一词。

朵都要吵聋了，[我们的耳朵]全被他填满了'吕西斯'。要是碰巧他有点儿醉意，[1]甚至连半夜都要被他吵醒，想想看，我们正听着'吕西斯'的名字呢。[2]他平

---

1 《吕西斯》全文有两个地方提到喝醉酒时皆用了hupopiē [有点醉意]这个词：开场时用来描述希珀塔勒斯对爱情的迷狂状态；终场时用来描述吕西斯醉酒的异邦仆人。柏拉图这种首尾呼应笔法似乎在提醒我们，友爱的论证处在一种迷狂状态的包裹之中。

2 克忒西珀斯和希珀塔勒斯是苏格拉底遇到的第一对朋友。这对朋友混杂在一群无序的年轻人之中，表明友爱总是与更广泛的政治语境或者更为复杂的社会关系联系在一起。个体的友爱与政治共同体的整体志向或抱负联系在一起。通过希珀塔勒斯与克忒西珀斯这对朋友，柏拉图首先向读者展示了朋友的第一个特征：私密性——朋友能分享彼此的生活、秘密和爱欲。

不过，由于希珀塔勒斯对吕西斯的迷恋，这意味着他单方面打破了他与克忒西珀斯的友爱共同体的私密性。希珀塔勒斯显然没有意识到，他对吕西斯的迷恋会以牺牲他与克忒西珀斯之间的友爱为代价。除非他们能达成共识，

时谈话固然吓人,与他试图 [d5] 滔滔不绝地灌进我们脑子里的好些诗作和文章相比倒还没那么吓人。

"比这些更吓人的是,我们不得不耐着性子听他用绝妙的嗓子歌唱他的孩伴(paidika),可如今,你问他这个名字,他倒脸红得不行!"[1]

猎手与猎物

[204e]"看起来,"我说,"这个吕西斯[2]一定相

征得克忒西珀斯应允,同意接纳新人进入两人友爱共同体,否则必然会引发克忒西珀斯的怨气。从这个角度来讲,克忒西珀斯比希珀塔勒斯更忠于友爱。

1　克忒西珀斯在描述希珀塔勒斯爱得癫狂的样子时,虽然使用了"我们",而非"我",看似客观描述一个众所周知的事实。然而,他所描述的大部分属于希珀塔勒斯的私人生活细节,比如醉酒、半夜梦呓,不经意地显示出他与希珀塔勒斯之间有着非同一般的亲密关系。作为希珀塔勒斯的朋友,克忒西珀斯已然完全进入并共享希珀塔勒斯的全部生活,成为他日常行动的见证人和传达者。

2　"吕西斯"的字面义为"释放",历史上确有吕西斯

当年轻;我这么猜是因为,我听到这个名字时并没有认出来。"¹

"没错,"他说,"因为人们不常提及他的本名,仍旧用他父亲的姓称呼他,因为他的父亲名[e5]满天下。² 我肯定,你不可能一点也不知道那男孩的样

其人。1974年,考古学家在佩莱坞(Piraeus)东北部某处壕沟里发现了疑似吕西斯与其儿子的墓碑,墓碑已断裂成两截,碑体上雕刻的三个华美的浮雕人像仍然清晰可见。正中间的是吕西斯,他握住儿子提摩克利得斯(Timoclides)之手,座椅后面站着一位年轻女子,但身份尚无法确定。《吕西斯》就是柏拉图化用历史人物的名字和身世编织的一场探问朋友是什么的对话。

1 这对苏格拉底来说不太寻常,他时时打听城邦中有哪些天性良好的贵族少年,他们是苏格拉底主要的教育对象。因此,对于这位家世显赫、美貌出众的吕西斯,苏格拉底此前不可能没有听说过。

2 这里为吕西斯身上的隐喻埋下伏笔,随后父子关系、年纪、美貌以及权力等问题会成为苏格拉底与两位少年谈话的重要论题。

子像谁;[1] 单凭他的好模样,就足以让他与众不同。"

"请告诉我,他是谁的儿子。"我说。

"德摩克拉底的[儿子],"[2] 他说,"来自埃克索

---

[1] 克忒西珀斯的话隐含着苏格拉底与吕西斯的父亲相熟的意思。据说,吕西斯的父亲德摩克拉底爱着阿尔喀比亚德,鉴于苏格拉底与阿尔喀比亚德之间众所周知的关系,苏格拉底不太可能不知道这件事。柏拉图很可能利用了这个当时的雅典人都知晓的情欲秘密,暗示苏格拉底不但知道吕西斯是谁,这场谈话亦并非巧遇,而是有备而来。因为克忒西珀斯的回答带有挑衅之意,暗示他知道苏格拉底声称自己不认得吕西斯的话是当众撒谎。不过,苏格拉底没有理会克忒西珀斯的话外之音,仍然执意追问克忒西珀斯,吕西斯到底是谁的儿子。

[2] 德摩克拉底(Democrates)的字面义为"人民的权力、经人民许可的"。这个词还见于柏拉图《王制》(328e),苏格拉底在那里还提出了这样的问题:僭主如何从民主式的人物发展而来,进而追问僭主的性格、生活、喜好等(571a)。他的儿子吕西斯本身便是一个充满隐喻的符号:他是诞生于民主,是"民主之子",而他本人的名字意味着释放、放纵。柏拉图

涅小镇[1]的——吕西斯是他长公子。"[2]

"好哇,"我说,"希珀塔勒斯,现在你找到了一位多么高贵且活泼的[e10]爱人啊,无论从哪方面看都如此!好吧,快点儿!也向我展示一下你向这些人展示的东西,[205a]那样,我就能知道,你是否懂得一个爱欲者应该如何向自己或者其他人谈论他的孩伴儿啦!"[3]

很可能是在借吕西斯身上"民主之子"的隐喻暗示:僭主式的人物与友爱问题密切相关,谁是朋友的问题关乎城邦的正义。

1　埃克索涅(Aixone)是雅典的一个小镇。

2　希珀塔勒斯闭口不言的秘密最终还是被嫉妒的克忒西珀斯一言道破,同时他还打破了朋友之间的承诺:共同分享并保守彼此的秘密,嫉妒心战胜了克忒西珀斯的友爱之心,他首先向友爱小圈子的入侵者苏格拉底缴械,言语间还夹杂着对朋友的不满和嫉妒。从这个意义上讲,克忒西珀斯并非一个忠诚可靠的朋友。《吕西斯》出场的第一对朋友并非理想的朋友。他们之间的不忠诚和嫉妒心,严重危及友爱的真正基础。

3　第一次出现爱欲者(erastēn)一词,表明苏格拉底在希珀塔勒斯与吕西斯的关系上,明确地将希珀塔勒斯定

"不过,苏格拉底,"他[希珀塔勒斯]说,"你会看重这个人[克忒西珀斯]所说的任何话吗?"[1]

"你在否认?"我说,"还要否认爱上了他所说的那个人吗?"[2]

义为"爱欲者"。

苏格拉底使用了paidikōn[孩伴们、小情人],这个词带有明显的男童恋的色彩。这意味着,苏格拉底已完全清楚希珀塔勒斯的情欲秘密。在柏拉图的笔下,男童恋与爱智慧联系在一起。

这里出现了《吕西斯》整篇对话的基础性问题:一个爱欲者应该与他的情人谈些什么?《吕西斯》表面以一个庸俗、格调低下的问题开始,内在则逐渐转向哲学的攀升之路。

1 面对朋友的背叛,希珀塔勒斯第一次表现出不满和恼怒。他此前从未意识到克忒西珀斯会嫉妒他对吕西斯的迷恋,所以才会毫无顾忌地沉醉于情欲的迷狂状态。在头脑简单的希珀塔勒斯看来值得与朋友分享的快乐,却引发了克忒西珀斯的不满和嫉妒,这侧面说明希珀塔勒斯与克忒西珀斯这对朋友都缺乏真正的友爱知识。

2 在柏拉图的《会饮》(182c)中,泡萨尼阿斯对爱神

[a5]"没啊,我没有,"他说,"不过,我确实否认我为我的男孩写过诗或作过赋。"

"他不大健康,"克忒西珀斯说,"他心智发昏,胡言乱语!"[1]

的颂辞将男童恋与 philosophy [热爱智慧]、philogymnastia [热爱体育] 联系起来,首次将男童恋与哲学联系起来,试图提出"男童恋其实是爱恋智性,以此为男童恋提供了哲学证明",泡萨尼阿斯把男童恋与搞哲学混为一谈,不过是企图给男童恋披上一件合法化的礼法"外套"(刘小枫,《王有所成:习读柏拉图札记》,上海:上海世纪文景,2015,页85)。即便在古希腊时期,男童恋仍是有悖雅典人的习传礼法,受到男孩家长严厉禁止的行为。因此,希珀塔勒斯在男童恋的问题上避而不答,苏格拉底却穷追不舍,逼他公开表态。

1 出于担心自己与希珀塔勒斯之间的友情纽带断裂,以及对吕西斯这位潜在的入侵情敌的嫉妒,克忒西珀斯对苏格拉底的描述不自觉地流露出不满和抱怨。只是,这种情绪以一种相反的方式表现出来:对希珀塔勒斯的嘲笑和讥讽。

于是，我说："希珀塔勒斯，我这会儿不是要听[205b]你无论是否为那个男孩写过的诗或曲。我现在请求听听你的想法是什么，这样我才能确定你亲近男孩的方式。"[2]

"我肯定，这家伙会告诉你的，"他说，"因为他知道得一清二楚，记得可牢啦，[b5]要是如他所说的那样，他一直听我说［那些］话，早就聋了。"

"诸神在上，"克忒西珀斯说，"一点也不错。何况，他说的那些事太可笑啦，苏格拉底！他是一个爱欲者，他的心思都拴在那男孩身上，可他甚至没有［205c]一点儿属于自己的东西要说——连一个男孩也不可能这么说，可笑不可笑？[3]

---

2 由于希珀塔勒斯与克忒西珀斯斗嘴，苏格拉底的追问陷入僵局。他机智地换了一种问法，说不是要询问希珀塔勒斯同爱人谈些什么，而是想知道他亲近小情人的方式。苏格拉底显然顾及希珀塔勒斯害羞的天性（两次脸红），把一个私密性问题转换成一个公共问题，降低了问题的难度。

3 克忒西珀斯接连用两个"可笑"（katagelastos），以

"但是,那些全城都咏唱的关于德摩克拉底和这个男孩的祖父〔老〕吕西斯[1]及其所有先祖的事,都是他作诗和讲述的内容:他们的财富、繁育赛马,还有在皮提亚赛会、[c5]科林斯地峡赛会和涅墨阿赛会上取得的四驾马车赛和单人赛马的胜利——除此之外甚至还有比那些更古老的事儿。

"他前天刚作一首诗,正是关于款待赫拉克勒

强调他对希珀塔勒斯的态度。吕西斯的家族史包裹在克忒西珀斯谐剧式的摹仿表演之中,当谐剧式的滑稽消解了吕西斯出身世家的高贵性时,我们仿佛看到柏拉图曲折隐晦地表达了他本人对于出身、血统这些附加在爱情之上的外在条件的质疑。

1 吕西斯家族十分显赫,此家族有可能是埃克索涅的赫拉克勒斯族人世袭的祭司。吕西斯的祖父老吕西斯的形象出现在很多红陶瓶上,他的儿子德摩克拉底(小吕西斯的父亲)似乎最早叫这个名字。小吕西斯本人亦非无名之辈,他的女儿伊斯忒墨涅斯,嫁给欧埃戈鲁斯(Euegorus),吕西斯本人可能是伊斯忒墨涅斯的女婿,出现在缔结"尼西亚和平条约"期间。

斯[1]的事儿——由于与赫拉克勒斯的亲戚关系，吕西斯的先祖[205d]接待了来访的英雄赫拉克勒斯，这位先祖说，自己是宙斯与那个地区创建者之女的后人。[2] 就这些老女人唠叨的事还有一大堆呢，苏格拉底。这个人谈论和歌唱的就是这些事，还叫我们非听不可。"

[d5]听到这儿，我说："可笑的希珀塔勒斯，[3]在

1　吕西斯的家族谱系可追溯至半人半神的赫拉克勒斯，暗示吕西斯有着英雄的高贵血脉和神的品格。

2　在《泰阿泰德》(174e-175b)中，苏格拉底曾嘲笑那些以祖宗身份为荣的人，认为每个人都有不可计数的各种各样的先人，有国王也有奴隶。然而，在《阿尔喀比亚德前篇》中，苏格拉底却对骄傲的阿尔喀比亚德宣称，只有爱欲者才会关注爱欲对象的出身(122b5)。苏格拉底似乎认为，爱欲者关注爱欲对象的出身、教养具有天然的正当性。

3　苏格拉底借用克忒西珀斯的话，也用"可笑的"来批评希珀塔勒斯。不过与克忒西珀斯不同，苏格拉底并没有马上否定希珀塔勒斯对吕西斯的出身和家族荣光的颂扬，苏格拉底指出，爱欲者对被爱欲者的颂诗应该是胜利的凯

你赢得胜利之前,你有没有为自己谱写和唱过一首颂辞呢?"

"不管是谱写的还是唱的,都不是为了我自己,苏格拉底。"他说。

"你当然不这么想。"我说。[1]

"那又是怎么一回事?"他说。

[205e]"这些颂歌[2]首先是为了你自己,"我说,

歌,而非战斗的号角。

1　苏格拉底暗示自己比希珀塔勒斯更了解他:希珀塔勒斯深信,歌颂吕西斯家族的荣耀有助于自己赢得对方的爱,但是他没有意识到,对爱人的这种歌颂实质上是一种自夸和炫耀。

2　柏拉图曾多次揭示:在雅典城邦中,赞美具有强大的力量。在《王制》里,苏格拉底就表示,赞许和非难的语言是"教育和塑造"人民最有效的手段,不管他是年轻还是年老,男性还是女性(492a–c)。他唯一允许在理想城邦中出现的两种诗歌形式便是"对神的赞歌和对好人的颂词"(607a)。不过,在《吕西斯》中,爱人的颂辞不应与他的教育理念相分离,应当在塑造男孩的品格上发挥

"一方面，要是碰巧你逮住了如颂歌所唱的那样的男孩，那么你所说的和歌颂的将会是你的一种装饰品，是一首称颂你赢得这样一位男孩的颂辞。[1]但是，从另一方面来看，倘若碰巧他从你手上溜走了呢，[e5]那么，对你那些男孩越是极尽溢美之辞，就越显得你被剥夺了多么美且好的东西，[206a]于是你也就显得可笑。[2]

作用。

1　苏格拉底毫不客气地揭穿了希珀塔勒斯的自恋。希珀塔勒斯并非一个头脑清楚的爱欲者，他只是单纯地想要获得一个孩伴。然而，他并不清楚自己爱上了什么人，其人是何种灵魂样式？可见他既没有拣选爱人的能力，也不具备教导孩伴的能力。

2　苏格拉底尖锐地指出希珀塔勒斯是在自我哄骗，因为他欲爱的对象（指吕西斯）越是优秀，能够赢得被爱一方的爱欲者（指希珀塔勒斯）就会越骄傲。换言之，如果我们爱某人的原因是基于我们对自身的夸赞，而非基于对方美且好的品质，我们对所爱之物的赞美仅在于我们自身而非所爱之物，那么我们就没有了喜爱的原因，这种爱情

"因此,朋友啊!¹ 一个在爱欲方面的老手由于担

就其本质而言是任意、武断而且非理性的。希珀塔勒斯的可笑在于,他还没能赢得吕西斯的爱就急于借赞颂对方变相地自我炫耀。

1 首次出现了"朋友"一词的呼格(phile),这是苏格拉底在《吕西斯》中第一次且唯一的一次称希珀塔勒斯"我的朋友"。在全篇对话中,苏格拉底三次称吕西斯为"朋友",两次称呼默涅克塞诺斯。但是,他从没有如此称呼过克忒西珀斯。

朋友(philos)一词(词干phil-意指爱和友爱),其意思和用法都相当复杂,既可用作名词(意为"朋友"),又可用作形容词(意为"可爱的"),既可指爱人者,也可指被爱者。虽然philos与erōs[爱欲]关系密切,但philos极少带有性意味,philia[友爱]则不同。现代西方语言很难找到一个词与之完全匹配。

柏拉图在使用philos一词时,有时用作名词,有时用作形容词。在《吕西斯》中,苏格拉底在谈论朋友的性质时,常在这个词的主动义和被动义之间来回转换论题(尤其是212a9–213c8),因此本译本在翻译philos一词时会尽量贴

心未来发生变故,在没有掳获对方之前,不会去赞美他所欲爱的。同时,那些美人们无论何时遇到赞美或追捧,都会变得自满自大。难道你不这样认为?"[1]

[a5]"我承认。"他说。

"那么,他们越是傲慢,就越难捕获吧?"[2]

近对话的具体语境。此处,在《吕西斯》中,hetairos [同志、友伴、情伴] 一词在某些语境中可与 philos 互换。大多数谈话都围绕着 erōs(指情欲)及其同源词,故而不管是 philos 还是 hetairos,都与 erōs 紧密相关。整篇对话即便有时偏离,但最终还是会回到 erōs。

1　苏格拉底先是站在希珀塔勒斯的立场,即爱欲者的立场进行分析,随后又站在被爱欲者(孩伴)的角度提醒爱欲者:除了增加猎捕的难度,在赢得胜利之前的颂诗对爱欲者没有什么好处。

2　借助一个巧妙的询问,苏格拉底把一场充满爱欲的求欢比作一场残酷的猎捕,从情爱转向猎捕,苏格拉底的论题悄然发生了转变。苏格拉底从情爱双方外在条件的对比,转向直接讨论爱欲的本质——把爱欲者如何勾引被爱欲者比喻成猎手如何能顺利掳获猎物。这个多少有些粗

"是的,那当然。"

"照你看,那种惊动猎物,增加了捕猎难度的猎人怎么样?"

[206b]"显然,是个无用的家伙。"[1]

鲁的比喻削弱了爱神的力量。然而,苏格拉底的比喻却将爱欲从身体转向了精神,即爱欲者追逐被爱欲者的最终目的并非要获得身体的满足,而是为获得胜利荣耀带来的精神性满足,于是,爱欲的问题开始从低向高攀升。

1 "无用的"(phaulos)一词通常用来形容缺乏专业技能的人,在《吕西斯》开场部分,苏格拉底曾用来形容智术师米克科斯"不是无用之人",苏格拉底同时还用这个词来形容自己。因此,这个词第三次出现,似乎是希珀塔勒斯对苏格拉底称赞米克科斯的回应。

开场时,希珀塔勒斯自豪地告诉苏格拉底,他们这伙人度过日常闲暇时光的方式是进行言辞方面的训练,指导教师正是那位智术师米克科斯。然而,希珀塔勒斯虽然是一名充满爱欲的爱欲者,却没有找到一位真正拥有爱欲知识的教师。柏拉图安排苏格拉底来引导希珀塔勒斯认识到自己缺乏爱欲的技艺,并非一个好的猎手,而自称无知的

"那么,言辞和歌曲不是用来诱惑猎物,反倒去激发它的野性,非常不着调,不是吗?"[1]

"我也这么认为。"

[b5]"那么,当心点哟,希珀塔勒斯,你可不要由于作诗而让自己有可能犯这些错误。再说,我猜你也不会赞成一个因写诗损伤自身的人是个好诗

苏格拉底显然拥有这种技艺,是"情爱方面的老手"。但事实上,柏拉图笔下的苏格拉底并没有恋爱过,在这场谈话中,他并没有爱上任何人。对他而言,他仅仅是在展示一种爱的技艺,并非是爱的引诱或宣示。因而,苏格拉底接下来并不是以一个爱欲者的身份在展示如何正确地与所爱之人谈话,毋宁说,他在呈现一种爱欲的雄辩术,使修辞术与友爱对峙。

1 苏格拉底暗示爱欲者对被爱欲者的追逐犹如猎手之于猎物,双方拼的是心智的周旋与搏斗。苏格拉底把那些心智尚未成熟的男孩比喻为未经驯化的野兽,在他们接受智慧(哲学)的调教之前,对他们的颂诗和赞歌只会激起男孩们身上的骄傲自大等负面情绪,无助于理性的培养,因为他们意识不到自身的欠缺。

人,因为他伤害自己。"¹

"凭宙斯,当然不会!"他说,"这绝对是最不理

1　苏格拉底没有否定或嘲笑希珀塔勒斯向孩伴献殷勤的行为本身,仅仅是在反对他献殷勤的方式不对。难道《吕西斯》中的苏格拉底也充当了《会饮》中泡萨尼阿斯的角色,为男童恋寻找正当性理据?泡萨尼阿斯在《会饮》中为男童恋合法化提供了一个精致的理据:由于男孩在理智萌动之初,需要成年男子在情欲与智慧的双重层面引导他成长,成为这种爱欲关系的主导者、爱欲者,因此一个合格的爱欲者对于被爱欲者(孩伴)而言至关重要。

如果成年男子只想从孩伴那得获得性的满足,自身却不具备智慧引路人的资格,又或者他向孩伴提供的是一些虚假、有害的知识,那么被爱欲者(孩伴)无疑是受损害的一方——他向男人支付了性作为代价,却没有获得应有的智慧报酬。这种爱欲关系便会因为孩伴无法识别好的爱欲者,导致对孩伴的教育以失败告终。泡萨尼阿斯的这种说法无疑解决了男童恋的道德问题,换言之,只要孩伴找到一个智慧的爱欲者,那么男童恋就是可欲的,就会从中激发"伟大的见识",组成让僭主害怕的友

智的做法。不过,正是因为[206c]这些,苏格拉底,我可全跟你说了,你要是有别的招儿,给点建议吧,一个人怎么谈话或者行事,才可能变得被他所中意的孩伴们喜爱?"[1]

"这可不好说,"我说,"不过,要是你打算把[c5]他带过来和我交谈上两句,我就能够向你展示:一个人在交谈中应该和他讲什么,而不是这些家伙说你所说和所唱的那些。"[2]

爱共同体。

可见,泡萨尼阿斯的颂辞不仅模仿苏格拉底的生活方式的外观——苏格拉底出于热爱智慧,以喜欢结交美少年而著称——也是对苏格拉底式教育提出的最大挑战(刘小枫,《王有所成》,前揭,页117–119)。柏拉图的《吕西斯》无疑是对这一挑战或者栽诬的回应。

1 承认自己失败的希珀塔勒斯主动要求苏格拉底教他:一个人怎样才能获得意中人的喜爱。他希望苏格拉底不要隐瞒自己的想法。此时的希珀塔勒斯与苏格拉底犹如猎物与猎手。

2 苏格拉底表现得十分谨慎,他不肯定自己能清楚

"这不难,"他说,"只要你和克忒西珀斯[1]进去坐下来聊聊,我猜,他就会自己[c10]过来找你,他格外喜好听人讨论。[2]苏格拉底,与[206d]平时不同,

---

回答希珀塔勒斯的问题。柏拉图在这里用了一个日常语词dialegō[交谈],尽管数百年后这个词已经变成哲学式的表达。在这里则是一语双关——既有日常谈话的意思,也指向苏格拉底哲学中的助产术(《王制》533c8–e4)。这个词在这里意味深长:苏格拉底一方面答应希珀塔勒斯的要求,向他展示如何与被爱欲者谈话,以掳获对方的心;另一方面也意味着,苏格拉底并非单纯地要当众炫耀求爱的技巧,而是要运用辩证法交谈形式把灵魂拖出无知的泥淖,对那些值得的青年人施行教育。

1 希珀塔勒斯此处的建议,显示出他对克忒西珀斯的家族成员非常熟悉。苏格拉底在《吕西斯》中用双数来指称希珀塔勒斯和克忒西珀斯(206c6,参204c7和205d),暗示他清楚这两人之间的亲厚关系。然而当希珀塔勒斯全身心地关注吕西斯时,克忒西珀斯的怨愤透露了这种友爱的脆弱。

2 从希珀塔勒斯的描述中,吕西斯最突出的性格特征

依赫耳墨斯节[1]的要求，这些青年人和男孩儿们都混

是：喜爱倾听（philēkoös），求知欲旺盛。倾听意味着渴求知识、好奇，哲学正是源于好奇。吕西斯的"喜欢倾听"与希珀塔勒斯的"爱说"，似乎形成了某种对应关系。

    1 赫耳墨斯节是古希腊人向酒神狄奥尼索斯和赫耳墨斯神献祭的日子，通常安排在花月节的第三天，庆祝仪式安排在雅典摔跤场。

花月节是一个特别重要的节日——城邦中的集体狂欢节，同时人们要在狂欢时避开亡魂。花月节的主要特色是，参加庆祝的人群簇拥着酒神狄奥尼索斯的扮演者游行。"酒神"乘着双轮战车进入城里，后面跟着一长列吹着箫的"萨图尔"以及准备献祭仪式的青年男子。

花月节的第一天，儿童们会收到小酒罐；第二天有狂欢和饮酒大赛；第三天，赫耳墨斯会出现。因此，花月节实际上是一个成年仪式。

赫耳墨斯现身的目的是要洁净一个"被玷污的日子"，即躲开恶的日子。赫耳墨斯神除了具有种种神力之外，他还是体育场的守护神祇。也只有这一天，雅典少年人所在的摔跤学校才会对成年男子开放，苏格拉底才得以接近目

杂在一起。所以,他准会到你这儿来,要是他不来,克忒西珀斯与他熟得很,由于他[克忒西珀斯]表弟默涅克塞诺斯的缘故,在所有人中,恰好默涅克塞诺斯跟他[吕西斯][d5]最要好。要是他自己没过来,就让克忒西珀斯去唤他过来好了。"[1]

"我们就得这么办。"我说。

话音刚落,我就一把抓住[206e]克忒西珀斯与我一起走向摔跤学校,其他人跟在后面。

标中的'猎物'"。另外,赫耳墨斯的职责之一是灵魂的引路人,《斐德若》和《吕西斯》都出现了赫耳墨斯的身影。苏格拉底的雄心正是引领高贵的灵魂攀升。

1　关于默涅克塞诺斯生平的信息极少,但在柏拉图的另一篇对话(《默涅克塞诺斯》)中,他是苏格拉底的单独对谈者。另外,默涅克塞诺斯与苏格拉底的儿子同名,因此人们自然会好奇,默涅克塞诺斯是否与苏格拉底的家庭有什么关系。

希珀塔勒斯殷勤地替苏格拉底安排与吕西斯见面的时机,并且他已做好两手准备,确保苏格拉底与吕西斯的谈话能顺利实现。

〔附释〕 非常生动的戏剧性场景,苏格拉底抓住克忒西珀斯与他一同前往摔跤场,而非迫切讨教爱欲知识的希珀塔勒斯;另外,苏格拉底拉着克忒西珀斯走得很急,以至其他人(包括希珀塔勒斯)只好乖乖跟随其后,苏格拉底此时急迫要见吕西斯的心情与此前的故作矜持形成了鲜明对比。

幕间一

［题解］ 这段插曲刚好安插在两场谈话之间：前一场是苏格拉底对希珀塔勒斯，后一场是苏格拉底对吕西斯。

苏格拉底与这伙青年人走进摔跤场时，里面刚刚举行完一场祭祀，因为这天刚好是向赫耳墨斯神献祭的日子。在这种庄重场合，那些令雅典成年男子渴慕的男童们都身着华服，把往日相互裸露的身体遮盖起来，苏格拉底看到大部分男孩儿在外玩掷距骨游戏。亚里士多德认为人世间存在两类友爱生活：一类是朋友一起喝酒、掷骰子的生活；另一类则是朋友们一起锻炼、打猎、从事爱智慧的活动。不同的友爱生活对应不同类型的友爱（《尼各马可伦理学》1172a3–8）。

第欧根尼·拉尔修在《名哲言行录》中写道：柏拉图有次看到人玩骰子，于是责骂他。那个人抗议说他只是玩点小玩意,柏拉图反驳道:"习惯不是小玩意。"(3.37–39)《吕西斯》这场幕间戏提到掷骰子游戏,颇有某种政治隐喻的意味:雅典的执政官就是利用抽签的形式选出。

进去时，我们发现男孩子们在那儿已经举行过一场献祭，那时与［宰杀］牺牲相关的仪式快结束了。男孩们［e5］正在玩掷距骨游戏，全都衣着整齐。[1] 绝大多数人在广场外面嬉戏时，另一些人在更衣室的一角，从一些小筐子里挑选出许多距骨，玩猜单双游戏，[2] 其他人则围站一旁观看。

1　掷距骨游戏用取自动物脚关节的小骨头，外形像骰子。gymnasium［体育馆］与 philogymnastia［热爱体育］拥有共同的词干 gymnos［裸体的］。由于今天是赫耳墨斯节，平日裸身锻炼的少年人，这一天都衣装整齐，把身体隐藏起来。身体意味着自然，城邦的道德和习俗将外衣套在了自然的身上。因此，《吕西斯》虽然有一个充满情欲的开场，但在进入严肃的哲学辩论时，情欲则被隔离在外。柏拉图似乎要确定友爱与情欲之间的区分和差异：苏格拉底以一个演示如何猎获情人的任务开场，却在讨论友爱的时候暗自抽离情欲。

2　大部分少年都在玩规则简单、纯属碰运气的掷距骨游戏。更衣室内的几个男孩看来与众不同，他们玩的是难度更大、兼具智性与偶然性的猜单双游戏。这个游戏其

其中一个男孩就是吕西斯,他站在[207a]那些男孩和青年人当中,头戴花冠,仪表出众。[1]值得说

实是模仿运气的游戏,参与游戏者人数不会多,而且需要某些技能(在实践语境中挑选或选择的决断能力)。在大多数人都听命于偶然性的支配时,少数人偏偏要用智识来征服偶然,因此,柏拉图将这几个男孩安排在密室,而不是外面的广场。可见,少数心智高的人可以追寻更高远的智慧——接近神的智慧,只有神才能制服偶然,但是,他们只能躲在密室里进行这类纯粹的热爱智慧的沉思。

1 在苏格拉底的观看下,摔跤场上的男孩们按人数多少呈现出三类组织形式:多数人、少数人和介于大众与少数人之间的人,恰好对应三种政体类型(民主政体、贵族政体和混合政体),喻示着这场谈话的政治情境。《吕西斯》中三元素问题反复出现:三个地名(阿卡德米、巴诺珀斯喷泉、吕喀昂)、三个年龄段的男人、摔跤场上的三组男孩,三个人在摔跤场外进行谈话(苏格拉底、希珀塔勒斯和克忒西珀斯),三个人在摔跤场之内谈话(苏格拉底、吕西斯和默涅克塞诺斯),苏格拉底第一次与默涅克塞诺斯对友爱下的定义——何为朋友的三种可能……这显然并非巧合。

起的并不仅仅是他的美，而是他既美且好。¹ 我们这群人进到这圈人的正对面坐下来，因为那地儿很安静，² 于是我们中一些人交谈 [a5] 起来。

这时，吕西斯开始频频扭头瞧我们。显然，他渴望上这边来呢。这会儿，他有些踌躇，犹豫要不

1　kalos te kai agathos [既美且好] 这个复合形容词的分与合，会成为后文中苏格拉底与吕西斯、默涅克塞诺斯谈话的中心以及论争的焦点。在《吕西斯》中，吕西斯是唯一被苏格拉底称赞为"既美且好"的人。在与苏格拉底交谈的青年中，吕西斯属于天分较高的人，他的品貌接近神。克忒西珀斯先前提到吕西斯的家族渊源与赫拉克勒斯有关。同是苏格拉底门人的色诺芬写过一个著名的赫拉克勒斯的选择的故事，现在他的后人，少年吕西斯似乎也正站在人生选择的十字路口。毕竟，他刚刚行过成人礼，向灵魂的引路人赫耳墨斯敬献过祭礼。

2　苏格拉底并没有直接走向吕西斯，而是走到吕西斯那伙人对面坐了下来。苏格拉底和同伴们相互攀谈，并没有主动招呼吕西斯。柏拉图特意点明——那个地方很安静，谈话角落的安静与全城的喧闹形成强烈反差。

要独自过来,到我们这边。[1]但是,随后默涅克塞诺斯[207b]从广场——在他那游戏进行的当儿——走

---

1 苏格拉底向无名的谈话者描述吕西斯的心态。苏格拉底看出来吕西斯很想加入谈话,但害羞的天性和少年的自矜拦住了他。老猎人不动声色地布好网,只等着猎物自己送上门来。知人论世的苏格拉底显然非常了解少年人的脾性,此前他警告过希珀塔勒斯,不要轻易惊动猎物,否则会增加掳获难度。苏格拉底同样在教诲后世的伟大教师们:对待那些天分极高的灵魂,要给予足够的耐心和注视,慢慢引导他们走上正途,使他们心甘情愿跟随爱智者的足迹,在合适的时间给予其合乎天性的教育和引导。卢梭在这方面是苏格拉底在近代最伟大的学生之一,《爱弥儿》就是一部对现代教育影响深远的哲人之书。

吕西斯的迟疑一方面显示出他涉世未深,羞怯,怕见生人,虽善于倾听却缺乏爱欲,不像《普罗塔戈拉》中那位狂热爱好哲学的雅典青年希珀克拉底;另一方面,吕西斯的迟疑也表明,他行动较谨慎,善于思虑。他不是一个冒冒失失跟随教师的孩子,此时的吕西斯正处于观望的年龄,如同传说中的他的先祖赫拉克勒斯。

进来,当他看到我和克忒西珀斯,马上就走到我们身边坐下。一看到他,吕西斯就跟着过来了,在我们旁边挨着默涅克塞诺斯坐下。[1]

---

[1] 眼看就要落入希珀塔勒斯预计的第二种情况:吕西斯不主动过来,得派他熟悉的人去招呼他过来。柏拉图马上安排默涅克塞诺斯从广场(大众)走进密室(少数人)。他没交代默涅克塞诺斯在广场外的行动是祭祀还是与玩距骨的男孩们混在一起。无论如何,这暗示默涅克塞诺斯放弃了眼下的行动,转向了更为严肃的事情。

从行动上看,默涅克塞诺斯气质与吕西斯不同,他显得果敢、有主见。他一看到苏格拉底及表兄克忒西珀斯,就毫不犹豫直接加入了这伙人的圈子。

默涅克塞诺斯的出现给吕西斯增添了勇气,他马上跟随而来,年岁相当的两位少年关系相当亲密。默涅克塞诺斯是主导者,吕西斯是跟随者。这侧面证实了这场对话是苏格拉底筹划已久:他专门绕路去等希珀塔勒斯一行人,主动抓住克忒西珀斯而非希珀塔勒斯,因为克忒西珀斯才能引来默涅克塞诺斯,而默涅克塞诺斯则是吕西斯的诱饵。换言之,苏格拉底设计"巧遇"希珀塔勒斯,意在接近天性羞怯的吕西斯。

接着，另一些人也朝我们走来。希珀塔勒斯看到这几个人靠得很近，趁机 [b5] 利用这些人做掩护，给自己找了一个隐蔽的位置，以为如此一来吕西斯就不会看到他，因为希珀塔勒斯害怕招他厌恶，就站在那里听。

［附释］ 吕西斯加入之后，又引来另一些人。眼尖的老猎人苏格拉底并没有一一点出他们的名字，也没有告诉我们，这些人是不是刚才那些猜单双的少年，是否还有其他从广场外进来的人。这些少年的指导教师——智术师米克科斯在不在其中，柏拉图也语焉不详，一笔带过，似乎他不想过于详细说明旁听的人还有哪些。

希珀塔勒斯从开场部分的倾诉者转变为一个倾听者。此时的希珀塔勒斯像个酒醒了的人，清醒后的他并没有像一个被情爱冲昏头脑的人那样凑到心上人身边，反而懂得隐藏自己。看来，经过苏格拉底先前的教诲，希珀塔勒斯身上那种极低的情欲逐渐净化。借助希珀塔勒斯的视角，我们看到后加入谈话圈的这几个面目模糊的人彼此靠得很近——他们是一个关系密切的小圈子,属另外一类朋友团体。

第二场 什么才会相互友爱

[题解] 苏格拉底显然非常清楚少年默涅克塞诺斯的来历,开口就称呼他父亲的名字。虽然苏格拉底首先向默涅克塞诺斯提问,问题却针对他和吕西斯。苏格拉底的提问从最容易回答的问题开始。

不过,正当苏格拉底准备询问公正、智慧这类常见的苏格拉底式问题时,默涅克塞诺斯被人叫出去了,于是第一场谈话就在苏格拉底和吕西斯之间展开。

友伴默涅克塞诺斯的被迫离场,使得苏格拉底可以专注于考察吕西斯——他预谋已久的"猎物",一颗天性优良的种子。

第二场　什么才会相互友爱

至于我，我瞧着默涅克塞诺斯，盯着他问："德摩丰的儿子啊，[207c]你们两位谁的年纪大呢？"

"[对此]我们俩各执一词。"他说。[1]

"关于你们俩哪个出身更高贵，也要争论一番？"我说。

"完全如此。"他说。

[c5]"那么，关于你们俩谁更漂亮些，[也要]按此方式[争论一番]吧？"[2]

1　苏格拉底首个问题看上去很幼稚，因为年龄与性别都是自然性的问题。然而，对于如此简单的问题，这对朋友也会出现分歧，更不用说出身、容貌这类主观性很强的问题。谈话开始变成了某种游戏或前戏。默涅克塞诺斯和吕西斯似乎完全出于好玩才参与谈话，却对彼此之间一直争论背后的真理毫无兴趣。

2　苏格拉底的问题由浅至深，从自然性转向社会性。两位少年的回答也很怪异，像故意在戏耍，完全没有柏拉图另一篇对话《游叙弗伦》中所体现的，谈话者会在可计算的与可争辩的问题之间作出区分，也不管问题是否能够通过相关事实得以解决抑或不能解决，更加无视修辞领域

两个男孩都笑了。[1]

"不过,至于你们俩谁更富有,"我说,"我可不会问,毕竟,你二人是朋友,不是吗?"[2]

"肯定是。"他俩异口同声地说。[3]

与工具理性领域之间的区分。

1　苏格拉底第一次使用双数,双数不同于复数,它表示两个人或事物一起被看作一对,双数形式的表达在这篇讨论友爱的对话中有相当重要的修辞意味。问到第三个问题谁更漂亮时,两个男孩同时笑了。这意味着,漂亮与情欲有某种隐秘的勾连:谁更漂亮,谁就会获得更多追求者,就更有可能成为被情人中意的孩伴。因此,两个男孩都用笑来掩饰一些心照不宣、不能公开说出来的东西。

2　苏格拉底与吕西斯和默涅克塞诺斯的对话显得毫无目的性,其实这是对真正友爱的核心部分的不成熟的摹仿:友爱是因其本身之故而发生的行为,他们非爱欲的友爱是相互的(222a-b)。只要不被打断,他们的回答将引向对朋友间所共有之物的讨论(207c)。苏格拉底半玩笑似的提问,把这两位少年从拘谨中释放出来。

3　两个人首次给了肯定答案,并强调他们是朋友这一

[c10]"那么,据说朋友之间的东西是[两人]共有的,这个问题,你们绝不会起争执吧——如果你们俩关于[你们是]朋友的说法真实的话。"[1]

他们俩都同意。

事实。

1　苏格拉底借用了一句古希腊人流传甚广的古谚。苏格拉底提出的四个问题,只有在询问他二人是不是朋友、能不能共有某种东西时,默涅克塞诺斯和吕西斯才达成一致,朋友与共有某种东西便联系起来。

朋友与"共同"的关系,柏拉图在《王制》中有过一番探讨。这句古谚语的政治性含义很浓,言辞中的城邦便基于这个理念:朋友之间不分彼此——苏格拉底最极端的设想共产、共妻便基于此。

在《王制》卷五中,苏格拉底宣布,要回到自己的城邦考察本邦的治理者,他提出理想之邦的治理者互称"护卫者同事们",而在外邦人那里,他们的治理者之间有的以朋友相称,有的则不是;他们把同事中的朋友看作自己人,把其他同事看作外人。理想之邦的治理者则把他们碰到的每一个人都与自己联系起来,并无内外之分。换言之,每一

[207d] 随后，我正打算询问他们谁更正义、谁更聪明，可我话还未出口，有人过来叫默涅克塞诺斯出去，那人说教练正在找他。[1] 我印象中默涅克塞诺斯刚好在行献祭礼，于是他就这样出去了。[2]

个人没有"我的"，只有"我们的"（《王制》463a-e1）。

默涅克塞诺斯和吕西斯从不争论谁是更好的朋友，也不在意谁更爱谁多一点，但苏格拉底懂得如何同朋友交流，他擅长谈论友爱。因而，吕西斯这对朋友向我们展示了关乎自身的最大危险——这类友爱不能使朋友变得更好，也不会相互激励去践行更善的德性。柏拉图让我们认识到这种危险。

1 苏格拉底的问题有一个由内及外，由低到高的次序。年岁、出身、漂亮是苏格拉底以肯定形式提出的，富有则以否定形式提出。当他要询问正义和智慧时，问题被行动打断了。

2 默涅克塞诺斯被迫离场。苏格拉底这才揭晓此前的谜底：默涅克塞诺斯并不是在广场外与大多数人一起玩耍，而是在监管献祭仪式。苏格拉底刚进来时就看到，默涅克塞诺斯在尚未结束的仪式里忙碌。

血缘之爱与自由的限度

[d5] 我随即向吕西斯提问:"我猜,吕西斯,"我说,"你父亲和母亲疼爱(philein)[1]你吧?"

"当然啊。"他说。

"那他们准会希望你最幸福?"

---

1 此处第一次出现动词 phileō,与名词 philos [朋友] 相对应,意思是"待人如友"。苏格拉底的问题看似普通,其实暗中点题:希腊语的 phileō 含义广泛,对于古希腊人来说,既指向人与人之间的友情,亦表示带有血亲关系的感情或者对某种东西的喜爱之情。因而,在这篇试图定义 philos 是什么的对话中,柏拉图为苏格拉底设计的问题意味着:苏格拉底首先要辨析血亲之爱与友爱的差异。

其次,面对出身高贵的吕西斯,要想获得他的友爱,苏格拉底必须让吕西斯意识到自己在爱欲知识方面的欠缺,承认自己并非一个真正的被爱欲者。苏格拉底能否成功瓦解吕西斯的优越感,承认自己的欠缺,是苏格拉底能否完成希珀塔勒斯所交予任务的关键。

[207e]"怎么会不呢?"

"那么按你的想法,这样的人幸福吗,一个人是奴隶,并且不准做任何他心里渴望的[事情]?"

"凭宙斯神,[1]不,我可不这么认为。"他说。

"好,如果你的父亲和母亲疼爱你,并且渴望你获得幸福,显而易见,[e5][他们]挖空心思地想方设法使你能幸福吧。"

"他们怎么会不如此?"他说。

"因而,他们允许你随心所欲,丝毫不责备你,而且他们压根儿不会阻挠你做任何幸福的、你渴望[欲求]的事情吧?"[2]

---

1 吕西斯无法想象奴隶与他有何共同点。因此,面对这个诱饵式的问题,他没有意识到自己就要掉进苏格拉底设计的圈套,于是他高呼"宙斯神"(207e4),接连声称奴隶毫无快乐可言。吕西斯第一次呼叫"宙斯神",在整篇对话中,吕西斯呼吁宙斯神的次数最多,共八次。苏格拉底六次呼吁宙斯神,希珀塔勒斯和默涅克塞诺斯各一次。

2 苏格拉底接下来引导吕西斯反省自己具体的生活处

"哎呀,凭宙斯神!他们当然会阻挠我,苏格拉底,他们在许许多多事上阻挠[我]。"

"你这是从何说起啊?"我说,"他们希望你[208a]幸福,就要阻止你做自己想做的事?那你跟我说说:如果你曾渴望驾御你父亲的双轮马车,在赛会期间手握缰绳[驰骋],他们不准许你[这么干],反倒阻止你?"[1]

境:年少的吕西斯在父母干涉下,毫无自由可言,无法为所欲为。

1 古希腊谐剧诗人阿里斯托芬曾在谐剧《云》中写过一个因受了苏格拉底教育的蛊惑,伤及灵魂,居然动手打自己父亲的青年人斐狄庇得斯(pheidippides)。在谐剧诗人的笔下,那个深受苏格拉底"思想所"毒害的青年就是一个狂热的赛马迷,连说梦话都在谈论赛车大赛。他的父亲本意是让斐狄庇得斯跟随苏格拉底学习正直的逻辑和歪曲的逻辑,最终学会驳倒一切正义的理由(《云》,行876-878)。

其实,生活中的阿里斯托芬与苏格拉底过从甚密,他对苏格拉底的指控在某种程度上是另一种理解和认同。或

"凭宙斯神，不行！"他说，"他们绝不准许我。"

[a5]"那他们准许谁？"

"我父亲雇佣来的车夫嘛。"

"你说什么？他们宁可信任一个雇工也不［信任］你？让他随心所欲地驾御他们的马匹，而且[208b]他们还会为这事儿付钱？"

"就是这样啊。"他说。

"但是，我猜想他们会信任你管治这对骡子，随你扬鞭抽打，他们都允许。"

"他们怎么会由着我来啊？"他说。

者说，他以一种夸张变形的方式向哲人提出某种忠告。阿里斯托芬在《云》中对苏格拉底的指控是理解《吕西斯》的重要思想背景，斐狄庇得斯与吕西斯这两个人物似乎是哲人苏格拉底的朋友和学生从两个不同的方向对其思想的解读：指控与辩护。柏拉图笔下同样热爱赛马的吕西斯似乎是对谐剧人物斐狄庇得斯的改写和校正。苏格拉底虽然在谈话中引导吕西斯认识到父母在各个方面约束自己，似乎意在引发吕西斯对父母的不满，但这远非苏格拉底的最终意图。

"什么?"我说,"没人能够鞭打[b5]它们吗?"

"必然是,"他说,"骡伕[能鞭打]啊。"[1]

"他是奴隶还是自由民?"

"一个奴隶。"他说。

"即便是一个奴隶,看起来,他们看重他[奴隶]也要远胜过[看重]你——他们的儿子,他们将他们的财物交给他而非你,他们允许他随心所欲,对你却[208c]百般阻挠?不过,你再跟我说个事儿:他们允许你自己为自己做主吗?还是说他们甚至连这事儿也不信任你?"[2]

---

[1] 苏格拉底的问题使得吕西斯的回答自相矛盾,至少表面上不能自圆其说,这开始动摇吕西斯先前的自信和得意。与此同时,站在吕西斯的立场替他反思父母行为的苏格拉底激起了吕西斯的共鸣,他放弃了先前的自得,对于父母不任他驾驭马车的骡子表现出沮丧和懊恼。

[2] 苏格拉底的问题越来越尖锐,他最终迫使吕西斯承认:身为自由民的他却受制于奴隶,受到一群人的管束。换言之,自认为幸福的吕西斯其实毫无自由可言,处处受制于人。表面看来,苏格拉底是要打消吕西斯与生俱

"怎么可能信任呢?"他说。

"那么谁来管你呢?"

"就在这儿,一个监管人。"他说。[1]

"肯定不是奴隶吧?

"怎么不是?他就是我们的[奴隶]。"他说。

[c5]"这可糟透了!"我说,"一个自由民却受制于一个奴隶!不过,这个监管人在管制你的时候都干了什么?"

来的自信和贵族少年的优越感,为接下来的谈话铺垫基础。实际上,随着问题的推进,苏格拉底要探讨一个政治哲学问题——自由与民主是否相洽。柏拉图笔法巧妙精致:表面上安排苏格拉底向众人演示情爱老手的技艺,谈话内部却在通过询问"民主之子"吕西斯而继续推进这一思考。

1　字面义为"牵领男孩的人",雅典的 Paidagōgos[家教]通常是家奴,他照看男孩们上学和放学,在学校里监管他们。在《吕西斯》结尾处,吕西斯和默涅克塞诺斯的家奴醉醺醺闯入内室带走这些少年,而苏格拉底将被迫中断这次谈话。

"他带领我,"他说,"去老师那儿。"

"他们肯定不会管制你吧?这些 [208d] 老师们。"

"他们肯定会!"

"简直太多主人和管制者了,[1]看来,你的父亲有意为你安排。那么,你回到你母亲那里时,她会让你随心所欲地行事——就为了让你幸福——[允许你] 玩毛线或者 [d5] 织布机横杆,就在她正织布的时候?因为她不会阻挠你,我猜,[让你] 去碰触她的布刀或者她的织梭,或是其他一些她用来织布的工具。"

他却笑了,并且说:"凭宙斯![208e] 苏格拉

---

1 吕西斯本身便是一个充满隐喻的符号:他诞生于民主,其名字意味着释放、放纵。然而,表面的自由与内在的不自由发生了激烈的碰撞,似乎在柏拉图看来,雅典的民主政体实际上是一个家主和治邦者混杂统治的政治制度,意欲获得"自由和放纵"的民主之子们反而受制于各类束缚。柏拉图-苏格拉底并没有直接揭示这个内在逻辑,但是对话表面的用词却隐晦地表达了他对雅典民主政体的态度。

底，这不正是她阻止我的嘛，要是动了那些。我会挨打的。"

"赫拉克勒斯啊！"[1]我说，"你确定没有做过什么伤害[2]你父亲或者你母亲的事？"

1　"赫拉克勒斯啊！"是古希腊人常用的一句粗话，以表达自己的恼怒。《会饮》中的苏格拉底频频吁求"赫拉克勒斯"，为的是转化某种怪话，因为半人半神的赫拉克勒斯有净化罪恶的作用。苏格拉底在这里忍不住冒了这句话，而且出现在苏格拉底即将说出那些挑唆吕西斯对父母不满的话之前，似乎在暗示这番话别有深意，并非希腊人的日常用法。这场谈话并非两人之间的密谈，作者柏拉图似乎有意在苏格拉底说这番话之前，先净化对话表面所造成的危及城邦习俗的恶。

2　动词 adikein 直译为"行不义之事"，这个词将会在后文中变得很重要（尤其在 214b7-d3）。苏格拉底先前想询问吕西斯和默涅克塞诺斯谁更正义和智慧的问题，因为默涅克塞诺斯向赫耳墨斯献祭中途离场，才没有问下去。此时，苏格拉底却单独向吕西斯询问正义的问题，但是，他显然能够预料得到吕西斯对他的问题必会矢口

"凭宙斯！我压根儿就没有。"他说。

"那他们为何如此可怕地阻止你幸[e5]福，不让你随心所欲地行事，却让你整天像奴隶般听命于人，一句话，很少能做自己渴望的事？至于你，看来啊，并没有在你的钱财上占到半点优势，尽管你们家里有的是钱——每个人[209a]都比你更能支配它。看来，[你]更没有凭你的身体[占到半点优势]，尽管你的身世高贵无俦，可是仍由旁人指导和照看。

否认。

苏格拉底的问题呈现出两个层面的含义：1、血亲关系的双方会因为其中一方对另一方行不义的事而破坏这种自然的亲密联盟；2、正义问题是所有联盟解体的根本原因。这两层意思呈递进关系。因为，血亲联盟是一切联盟最基本的形式，人类的一切社会关系都基于家庭这一最小的联结单位，而父母与子女的关系则最牢不可破，是最为自然的友爱联盟。显然，苏格拉底的问题预设的是：一方行不义会导致这一联盟解体。在古典政治哲学中，正义问题总是与政治共同体关系紧密。柏拉图笔下的苏格拉底此处的设问似乎首先要在家庭关系中探问正义问题。

你什么也掌控不了,吕西斯啊,你真是连一件想做的事也做不成。"[1]

"那是因为,"他说,"我的年纪还不到,苏格拉底。"[2]

"我怀疑这绝不是[a5]阻止你的原因,德摩克拉底的儿子,我猜,因为有很多事情,你的父亲和母亲实际上不必等到你年纪大了才交给你来做。而且,无论何时他们希望为他们自己读点什么或写点什么,我猜,你准是[209b]在家里担此任务的第一人,是不是这样?"[3]

---

1 在旁观的两伙人看来,苏格拉底的问题无疑在挑拨吕西斯与父母之间的亲密关系,而吕西斯也随着苏格拉底的问题推进,逐步落入苏格拉底设计好的捕猎"陷阱";柏拉图通过这一细节,悄然呈现他对雅典民主政体的批评。

2 面对苏格拉底的步步进逼,吕西斯有些不知所措,又有些不甘心。他第一次对苏格拉底的问题提出反驳:之所以没能随心所欲地做事,是因为自己还没有到合适的年纪。

3 苏格拉底认为,年纪小并不是吕西斯失去自由的主要原因。因为吕西斯的父母并不会在读写、音乐等领域限

"肯定这样!"他说。

"那么,如此说来,你有可能随意抄写字母表,先写哪个[字母],后写哪个[字母]。读也用同样的方式。那么,如我所猜想的那样,[b5]当你拿起七弦琴时,无论是你的父亲或母亲都不会阻止你随意把弦上紧或调松,不管你是用手指拨琴,还是用拨片来击琴吧,还是他们会阻止你呢?"

"当然不会啊。"

"究竟是什么原因,吕西斯,他们在这些情况下不阻拦你,[209c]却在我们刚才说的那些事情上阻止你?"

制吕西斯的行为,这都是与吕西斯自身相关的、属己的技艺,是旁人无法代替吕西斯本人去掌握的技艺,因为技艺无法共有。从而,苏格拉底此前提出"朋友之间共有一切"(207c10)的观点首次遇到挑战:一个人不可能和朋友共同拥有一项技艺。即便他们掌握的是同一项技艺,也会因为各自掌握程度的不同而有所不同。换言之,一个人拥有一项技艺,他的朋友只能分享他这项技艺带来的好处和附带的荣誉,并不能分有朋友拥有的技艺本身。

"我认为,"他说,"那是因为这些事我知道,而那些事我却不知道吧。"[1]

"很好,"我说,"最好的人啊,你父亲不必等到你年纪长成后才把全部事务交给你,只要当他认为你考虑得比他 [c5] 更周全的时候,到了那一天,他会把他自己和他的东西都交付于你。"[2]

---

1 在苏格拉底的引导之下,吕西斯领悟到在自己知识欠缺的方面,自然会受到父母约束,而在自己拥有知识的方面就会享有自由,似乎知识是吕西斯得以享有自由的重要因素。

2 苏格拉底想把吕西斯引上哲学沉思的道路,首先就得把这个天性良好的少年带离他的家庭、他原生的土壤。通过引导吕西斯反省自己的现实生活处境与个人愿望之间的距离,达到反省自身的目的。

不过,苏格拉底在这里明显夸大了知识的力量,天真的吕西斯坦率承认,这正是他本人所期待的——当他在思考方面胜过父亲,他就会接管父亲的全部事务,包括管制父亲本人。

现在,吕西斯天真地相信:知识具有把握一切的力量,

"我正是这样想的。"他说。¹

知识的限度

"很好,"我说,"邻居呢?他不会用你父亲[对待你]的规矩来对待你吗?[209d]一旦他认为,在家务管理方面,你想得比他自己周到的时候,你认为他会把自己的家政事务委托给你吗?或者他仍旧自己掌管?"[2]

能给他带来毫无限度的自由。然而,在座的克忒西珀斯和希珀塔勒斯——这些谙熟人事及雅典政治事务的成年男子恐怕都在窃笑,在他们看来,苏格拉底就像猎人在逗弄掉进陷阱的"猎物"。

1 到目前为止,苏格拉底成功瓦解了吕西斯对父母的依恋,挑起了儿子对民主之父的肆心——接管父亲的所有事务,包括获得父亲的治家权柄。与此同时,苏格拉底与吕西斯的对话已然从自由转向探讨智识的权柄。

2 面对天真的吕西斯,苏格拉底并没有停止询问的步伐,表面的戏谑与内里的严肃相互交织。他的问题开始走出家庭,外推至吕西斯的邻人是否会同样因为相信吕西斯

"我认为[他]会交给我。"

"雅典人呢？你认为他们不会把自己的[城邦事务]交给你来处理吗，当他们[d5]看到你变得深思熟虑的时候？"[1]

"准给我。"[2]

的能力，将自己全部家当托付于他。

1　苏格拉底继续夸张地假设，将问题外推至整个城邦。他假设，雅典公民们会在吕西斯能够深思熟虑时将城邦事务全权交托给他。苏格拉底的问题从家庭的私人事务，推及邻人私产的管理，乃至整个城邦的治理。这是一个由内及外，由个体自身推向整个政治共同体的过程。苏格拉底表面上询问吕西斯，实际上却在质问一群受到新派启蒙智识人影响的雅典青年人。因为，这看似荒唐的假设在吕西斯这类人看来如此理所当然，似乎天然正当。这不免让人揣测，苏格拉底的这一荒唐的假设可能在吕西斯看来别无新意，说不定他平时就是如此肆意地谈论自由的权利。

2　受过智术师米克科斯训练的吕西斯似乎也染上了新派智者的狂妄大胆、热衷插手城邦政治事务的习气，他面

"凭宙斯神！"[1]我说，"倘若是那位大王呢？[2]那

对苏格拉底设想的一系列问题时毫不胆怯，一改先前害羞的模样。看来，哲学教育在某种程度上似乎能够改变一个人的本性，或者至少能往个体灵魂中塞进他所欠缺的，甚至是有违本性的东西。

1　在古希腊的奥林匹亚竞赛上，参赛者往往在比赛的关键时候会吁请宙斯神，祈求获得竞赛的胜利。这里出现了全篇中苏格拉底第二次吁请宙斯神。让我们稍作回忆，苏格拉底第一次吁请宙斯神是在希珀塔勒斯告知他新建摔跤场的指导教师是他的友伴米克科斯时，当时苏格拉底立即吁请宙斯神，并且指出米克科斯是个厉害的智术师（204a5）。

柏拉图高妙的笔法似乎在暗示，吕西斯背后藏着米克科斯的影子。很可能是受到智术师的熏染，生性羞怯的吕西斯无法看清自己的自然天性，目空一切地追逐不切实际的幻影。

2　波斯战争之后，波斯国王被称为Basileus［大王］。在雅典，九位执政官中的第二位也被称为"大王"，他主持公祭，制定司法程序。据此处语境，这个词应指波斯大王。

么他是把调制羹汤的事儿交给自己的长子——那个即将去执掌亚细亚的王子——特许他随心所欲地 [209e] 在沸腾的肉汤里加添佐料,还是 [宁愿把这特权赋予] 我们,如果我们向他展示,我们在膳食预备方面的善谋(kallion phronoumen)胜过他的儿子?"[1]

"显然是 [交给] 我们。"他说。

---

[1] 这是苏格拉底第三次在对话中用到"我们"一词,第一次是向希珀塔勒斯提议去找吕西斯攀谈时(206d7),后两次则是在与吕西斯的谈话中。柏拉图可能暗示读者,苏格拉底会以自己的友情去拯救被智术师拐走心志的吕西斯。苏格拉底此时改变了提问方式,将自己拉低到与吕西斯同一个层次,以便让两人共同进入这个设想的情境。

第四次出现"善谋",每一次出现时的语义色彩都随着不同的语境加深。柏拉图似乎用这种方式来描述吕西斯的状态(缺乏心智),及苏格拉底对他的暗自规劝和一再提醒。吕西斯顺着苏格拉底的牵引,得出了这个合逻辑却不合情理的结论。

第二场　什么才会相互友爱

"那么，大王不准他放任何一点佐料，却准许我们 [e5] 放，即便我们想抓大把盐撒进 [肉汤]。"[1]

"他怎么不会？"

"那么，假设他的儿子患眼疾，要是大王认为 [他的儿子] 不是医生，他会让王子碰触他自己的 [210a] 眼睛吗？还是会阻止他呢？"

"他会阻止。"

"不过，要是他把我们看成医术高手，就算我们想要撑开他儿子的眼睛，往眼里洒一剂灰面儿，我想大王也不会阻止吧，因为他会认为我们的想法是

---

[1] 柏拉图接下来还原了一系列与目的相关的场景，意在说明人们会在特定场合下喜爱某样东西，并非出于某物自身，而是基于其特定用途。通过设想一系列极端情境，柏拉图转移了读者的注意力，转而去关注这些特定场合本身，而非关注当事人的真实意图。

随后，苏格拉底更是异想天开：描述两个异乡人（他和吕西斯）去拜见异邦国君的情景：独断专行的国君一旦相信了异乡人拥有厨艺、医术和治邦术，就会把自己的膳食、儿子的眼病及国家治理交给这些异乡人。

正确的。"

"[a5]你说得真实。"

"那么,不管什么事情,只要我们比他们更有智慧,大王就会把它交给我们来处理,而不是他本人和他的儿子?"[1]

"当然如此啦,苏格拉底。"他说。

"那么,情形就是这样,"我说,"我的朋友

---

1 苏格拉底设计的提问情境一次次将智识的权柄推向极致。因为米克科斯这类新派启蒙智术师教育出来的青年人天真地相信,只要拥有智识,他们就能获得无限的自由:能从偶然王国走向必然王国,拥有知识就最终能成为主宰世界的王者——无论在私人领域或是公共领域。西方世界的两次启蒙运动,似乎都是在清除生命中的偶然。

然而,少年吕西斯却没有意识到智识的边界。面对存在中的偶然,智识同样无计可施,从未攻克过。命定神没有把吕西斯掷向君主的身位,因此,就算他拥有治邦术,也不可能从异邦大王的手上获得治理国家的权柄。

智术师的教育激起了吕西斯的 thumos[血气],肆心会将他引向僭主之位。

第二场　什么才会相互友爱

吕西斯啊,[1]在那些我们能明智[处理]的事情上,[210b]所有人都会把他们的事交托给我们,不管是希腊人还是非希腊人、男人还是女人,在这些事情上我们想怎么做就怎么做,没人能阻挡我们的意愿。相反,在这些方面我们自己能自由行事,并且[b5]掌控他人,这些将是我们的[事务]——因为我们可以从中获益。[2]而对于那些我们心智兴许还够不上的事儿,没有人会按我们自己的想法把与他们最切身的事情交给我们去做。

"毋宁说,[210c]所有人都将竭力阻止,非但

1　这是苏格拉底第一次称呼吕西斯为"我的朋友",这种突如其来的称呼,多少有些突兀。

2　在后文(212a)与默涅克塞诺斯的谈话中,苏格拉底遗憾地宣称,自己至今还没有一位朋友,苏格拉底的说法显得与这里自相矛盾。因此我们有理由揣测,苏格拉底在戏仿某个人谈话的语气和说话方式,很可能是戴着智术师米克科斯的面具与吕西斯交谈。苏格拉底通过将智术师的逻辑推至一个极端荒诞的处境,使对方的错误自行呈现。

那些外人，甚至还有我们的父亲和母亲，以及比他们更为亲密的亲戚无不如此。[1] 在这些事上，我们自己就得服从他人，而我们讨论的这些事不再归属我们管辖，因为我们从这些事本身不能获得任何益处，你承认 [c5] 情形就是这样吗？"[2]

"我承认。"

"那么，在这些事情上，以及在那些我们毫无用处的事情上，我们会成为其他人的朋友（philoi）？有人将会友爱（philēsei）我们吗？"

1　这场演示如何捕获爱人的谈话，被苏格拉底演变成了他当众修理新派智术师的法庭。苏格拉底的这场谈话指向了一个严肃的哲学问题：智识的限度在哪里？以子之矛攻子之盾，苏格拉底与吕西斯的这次谈话得出的结论是：一无所用的人甚至得不到父母的疼爱，也不会拥有朋友。

2　苏格拉底意在向这位有政治抱负的少年挑明，治邦者不应该从他所管治的城邦事务上为个人谋私利，懂得统治就是懂得如何造福民众。在《王制》中，苏格拉底同样告诫过野心勃勃的忒拉绪马霍斯。

第二场　什么才会相互友爱

"当然不会啊。"他说。

"现在看来,非但你的父亲不会爱你,也没有人会友爱一个毫无用处的人吧。"

"看来不会啊。"[210d] 他说。

"这样的话,要是你变得有智慧,我的孩子啊,[1]所有人都将会成为你的朋友(philoi),并且每个人都是你的亲属,因为你有用,并且优秀;可要是你没有[智慧],无论其他什么人还是你的父亲都不会成为你的朋友,你的母亲以及那些亲属也不

---

[1] 苏格拉底改变了称呼吕西斯的方式,从先前"我的朋友"转而称呼"我的孩子(hoi pai)"。这似乎暗示着,在这场谈话即将结束时,苏格拉底摘掉了先前的智术师面具,换上了爱人的面具。古希腊文的"孩子"一词与希腊文的小情人(paidicōn)有同一词干,我们记得,苏格拉底在205b曾经带着嘲笑的口吻谈道,希珀塔勒斯曾给他的小情人写过情诗。此刻,当着吕西斯的爱欲者希珀塔勒斯的面,苏格拉底称呼吕西斯"我的孩子",意在提醒希珀塔勒斯在场,也可能是在模仿希珀塔勒斯的口吻,示范如何与吕西斯谈话。

会。¹ 有没有这样的可能呢，[d5] 吕西斯，一个人在他压根儿还没思考的事情上狂妄自大？"²

"他怎么能这样啊？"他说。

"可是，倘若你还需要一位老师的话，那你就还不会思考。"

"是的。"

1　苏格拉底在定义何为友爱时加入了自己的意见。鉴于他此前（戴着智术师面具时）只是告诉吕西斯，一个人如果毫无用处，就不会有人友爱他（210c10），而有用意味着掌握智慧，因此，拥有智慧意味着拥有朋友。但是，苏格拉底在那里没有讨论以下两种情形：一是有用但不好的人会不会有朋友？二是无用但好的人会不会有朋友？在这段话里，苏格拉底附加了"好"这一条件，他认为，智慧意味着既有用又好。

2　这个问题表面上在问吕西斯，实际上质问的是在场的每个听众。新派智术师们宣称懂得治邦术，热衷于在各个城邦摇舌鼓噪（参《普罗塔戈拉》316c5–317c6），可在苏格拉底看来，他们与吕西斯一样，其实还没有学会思考什么是真正的智慧。

"那么，如果你没头脑的话，你也就不高明。"

"凭宙斯！"他说，"苏格拉底，我可不这么认为。"

［附释］ 这场谈话结束时，苏格拉底成功地把话题转移到智慧上面，苏格拉底的辩论术牵制了吕西斯的思考，让他欣然承认了自己的无知。苏格拉底的辩论术在方式上恰好与希珀塔勒斯的颂辞截然相反，他并不旨在满足或赞颂他人，也不会用虚假的赞美蒙蔽听者，使其内心充斥着骄傲和固执的无知。与此相反，苏格拉底希望通过驱散男孩心中自我欺骗的迷障，来唤醒他的自知之明。因为吕西斯一心想要统治城邦，却没有意识到真正的哲人是被迫去承担这一任务。

幕间二

[题解] 在两场谈话之间,柏拉图再次穿插了一场短暂的幕间戏。这一次,稳重的苏格拉底有些反常,过于专注谈话的他差点儿就把希珀塔勒斯的秘密公之于众。幸好,苏格拉底及时止住了溜到嘴边的话,与新派启蒙哲人的大胆冒失不同,他在言辞方面相当审慎。

从场景设置来看,上一场谈话结束后,围坐在苏格拉底身边的人群出现分化:有人离开,有人靠近。迷恋吕西斯的希珀塔勒斯显得失落和茫然;矜持的吕西斯与苏格拉底如今像是一对好朋友,吕西斯居然与苏格拉底"密谋"教训一下好辩的默涅克塞诺斯……

[210e] 当我听到他的回答,我瞥了一眼希珀塔勒斯,差点犯了个错,因为我几乎脱口而出:"希珀塔勒斯啊,你就应该这样和一个心爱的男孩谈话,带着轻视和羞辱,而不是像你那样[把他]哄得飘飘然,女气十足。"[1]

---

1 苏格拉底差一点就犯了冒失的错,把希珀塔勒斯试图隐藏起来的意图公之于众。但是,这段话也是苏格拉底显白的教诲。柏拉图在《吕西斯》中表明,一个并不热爱智慧的爱欲者不可能真正担任教育者的角色。因为他们被欲望所控制,只顾追求自己的好处而非为对方着想。

柏拉图暗示,希珀塔勒斯之所以诉诸颂辞,正是因为他希望通过奉承求得回报。当然,希珀塔勒斯并不是有意要求取这种交易:事实上他似乎对可能的危险茫然不知。但读者可以轻易识辨出希珀塔勒斯情颂里的可笑之处,看他如何将谄媚的颂辞作为货币试图购买他渴望的东西。希珀塔勒斯的"智识"付出和他期望得到的情爱回报,从而降格为单纯的筹码:这种与美德教育相去甚远的做法,令希珀塔勒斯的"教育理论"不仅腐蚀了他和他的意中人,也令他们的关系沦为一场交易。

[e5] 不过，当我看到他因为刚才那番话［显得］苦恼且茫然时，¹ 我回忆起他［刻意］站在吕西斯近旁，正是为了不让吕西斯注意到他，² 于是我就硬生

1　从苏格拉底的位置来看，挡在希珀塔勒斯前面的人可能移动了位置，失去遮挡的希珀塔勒斯被迫现身，这让他非常不自在；另一种可能性是，苏格拉底此前模仿他的口吻与吕西斯交谈，令希珀塔勒斯意识到，自己正是苏格拉底所批评的那种还没有学会思考就整天把治国兴邦的大事挂在嘴边的人。希珀塔勒斯在开场时两次脸红，已经透露出他在天性上相当羞怯，在《吕西斯》中，唯有吕西斯和希珀塔勒斯两个人脸红，这说明他二人在天性上有某种相似的气质。

2　在苏格拉底的谈话开始之前，希珀塔勒斯为了避免吕西斯看到自己，提前躲在几个后来加入的人背后。按理说，苏格拉底与吕西斯坐在一起，从他的角度应不可能一眼看到希珀塔勒斯，不然希珀塔勒斯隐藏自己的初衷就无法实现。

这里只有两种可能：要么苏格拉底与吕西斯交谈的时候声音比较小，站在外围的人越凑越近，于是希珀塔勒

生地闭上自己的嘴,[211a] 强忍住那些 [临到嘴边的] 话。正在这当儿,默涅克塞诺斯已回来坐在吕西斯旁边,还是他先前起身的位置。[1]

斯就只好现身了;要么挡在希珀塔勒斯前面的那几个彼此靠得很近的人产生了分化,有人离开,有人走近了苏格拉底——于是,希珀塔勒斯没了"屏风",只能现身。无论哪种可能都表明,希珀塔勒斯是被动现身。

柏拉图很可能通过这个细节巧妙地暗示我们:随着第一场谈话结束,听众队伍悄然发生了变化,除吕西斯之外,还有些灵魂也被苏格拉底勾走了——原本壁垒分明,内外有别的几拨人似乎重新变换了位置,彼此慢慢接近。

1 默涅克塞诺斯起先挨着克忒西珀斯身边坐,吕西斯紧挨着默涅克塞诺斯,默涅克塞诺斯中途离场时,吕西斯取代了他的位置,紧挨着克忒西珀斯身边。当时谈话的场景是,克忒西珀斯夹在苏格拉底和吕西斯之间。现在,默涅克塞诺斯重新坐回自己的位置,这有两种可能:要么吕西斯让自己从克忒西珀斯身边挪开,让默涅克塞诺斯重归原位;要么吕西斯在上一场谈话中不知不觉移动了自己的位置,坐到了苏格拉底身边,于是,克忒西珀斯身边的位

趁默涅克塞诺斯一不留神儿，吕西斯孩子气地且友善地压低嗓门对我说："苏格拉底，你把跟我说的话[a5]也对默涅克塞诺斯说一说啊！"[1]

置空了出来。此前挡在希珀塔勒斯面前的人走过去，坐在了克忒西珀斯身边。现在，默涅克塞诺斯回来后，这个人又让开位置。这一可能性似乎更大，从而可以解释，为什么本来躲起来的希珀塔勒斯露出脸来。无论如何，苏格拉底身边人的情况发生了转变：孤身闯入新派智术师大本营的苏格拉底，凭借自己言辞的力量，悄然引起了对方阵营的分化和改变，尤其是他身边显然多了一个同盟者吕西斯。

1　原本与默涅克塞诺斯紧挨着坐在一起的吕西斯更换了立场——这对共同声称是亲密朋友的两个男孩之间，出现了分歧和差异。吕西斯比默涅克塞诺斯更早被引上爱智慧的道路，他最先接受了苏格拉底的教诲。此时的吕西斯全然没有了先前的矜持和疏远，他和苏格拉底像一对朋友那样亲密无间，说起了朋友之间的"悄悄话"——这种私密的耳语，无形之中拉开了他俩与众人之间的距离，也使得吕西斯与朋友默涅克塞诺斯之间产生了裂隙。朋友之间的私密交谈是一种内外关系，将自己人与外人区分开

于是我说：" 你自己告诉他吧，吕西斯，你先前听的皆已入心了吧。"

" 全都记住了。" 他说。

" 那就试试，" 我说，" 尽你所能地回忆起来，[1] [211b] 这样你就能跟他说清楚所有的事情；要是你碰巧忘了什么，你下次一遇见我时再问吧。"

" 我会这么做的，" 他说，" 不成问题，你大可放心。不过，再对他说点别的什么，让我也听听，[b5] 直到我该回家。"

" 不过，既然是你这么吩咐我，" 我说，" 看来我们得这么做。可是，万一默涅克塞诺斯企图反驳我，

来，只有属于共同友爱圈子的人才能分享这一秘密。秘密似乎总与某种暗中谋划联系在一起，吕西斯与苏格拉底的密语同样如此——吕西斯希望苏格拉底教训一下自己的朋友，把刚才与他谈话的内容再对默涅克塞诺斯说一遍。

1　回忆是柏拉图哲学中的关键词，苏格拉底此处建议吕西斯尽可能回忆刚才的谈话，意味着苏格拉底刚才对吕西斯施行了一次哲学教育，用助产术式的谈话打捞起了吕西斯的灵魂。

你得保护我,难道你不知道他是个好辩之人?"[1]

"是的,凭宙斯!"他说,"正是如此,我希望[211c]你亲自跟他谈谈。"

"是为了让我变得可笑吗?"我说。

---

[1] 吕西斯希望自己的新朋友苏格拉底能够教训一下自己的老朋友默涅克塞诺斯。默涅克塞诺斯"爱争论"的特征与智术师相似。苏格拉底认为,默涅克塞诺斯是潜在的欧蒂德谟或狄俄尼索多罗斯(Dionysodorus)。默涅克塞诺斯跟随克忒西珀斯修习智术,而在《欧蒂德谟》中,克忒西珀斯本人恰恰师从欧蒂德谟或狄俄尼索多罗斯学习交易的"诡辩术"。苏格拉底在《欧蒂德谟》(303e–304a)中曾说,克忒西珀斯"一眨眼工夫就这么快地效仿起(两位智术师)啦"。"好争论"的人渴望胜利甚于真理,就此而言,苏格拉底的担心并非没有道理。

吕西斯力劝苏格拉底与默涅克塞诺斯交谈。显然,他凭着自己的判断和经验相信,苏格拉底一定能好好修理争强好胜的默涅克塞诺斯。可见,苏格拉底与默涅克塞诺斯的谈话源自吕西斯的竞争心制造出来的"阴谋"——要让默涅克塞诺斯吃点苦头。这便是《吕西斯》第二场谈话的起因。

"才不是呢,凭宙斯!"他说,"是为了让你惩戒他。"

"怎么做?"我说,"这可不容易!他是个可怕的家伙,[c5] 他可是克忒西珀斯的弟子。瞧瞧,他本人就在现场,你没看到他?克忒西珀斯!"

"别管别人,苏格拉底,"他说,"你尽管去跟默涅克塞诺斯谈谈。"

"这谈话势在必行啊。"我说。

[c10] 正当我们俩就这事儿交头接耳时,克忒西珀斯说:"你们在说什么?就你们俩自己单独享用这些言辞,不 [211d] 给我们分享一下?"

[附释] 苏格拉底与吕西斯的"密谋"因克忒西珀斯的不满而被迫打断,克忒西珀斯指责苏格拉底和吕西斯在开秘密小会,把其他人都挡在小圈子外。似乎苏格拉底与吕西斯已然结成了秘密团体,他俩之间的"密谋"是密室谈话中的秘密。现在,苏格拉底似乎与默涅克塞诺斯调换了位置,取而代之成为吕西斯的朋友。

第三场　友爱与阴谋

［题解］　苏格拉底的第三场谈话从一个谎言开始。在这场谈话中，吕西斯应邀成为苏格拉底言辞行动的助手，吕西斯与克忒西珀斯一样，都背叛了自己的朋友。不过，从另一角度来看，苏格拉底的谎言未必不是对吕西斯的善意提醒。吕西斯实际上并没有理解他与苏格拉底那场谈话的真正意思，也没有弄明白什么是真正的友爱。不然，吕西斯不会主动与苏格拉底"密谋"教训自己的朋友。

苏格拉底则对所有人都隐藏了自己的真实意图。既然吕西斯并没有真正了解什么是朋友，那么接下来的这场谈话就同时针对吕西斯和默涅克塞诺斯。因此，除了苏格拉底本人外，在场听众分成了三个阵营：表面上知情的吕西斯、毫不知情但听过两场谈话的希珀塔勒斯和克忒西珀斯等人，还有完全不知情的默涅克塞诺斯。我们看到，谈话进行到这里，苏格拉底是场上唯一一位自始至终知道全部内情的人,犹如开场时那位通观的神。余下的人都一知半解,没有整全的知识。因而,苏格拉底的谎言将接下来的谈话变成一场解密行动。

此外,柏拉图没有忘记在谈话开始之前提醒读者,默涅克塞诺斯是克忒西珀斯的学生。因此,接下来的这场谈话,苏格拉底具有教育吕西斯、默涅克塞诺斯和修理克忒西珀斯的双重目的。

"哪里啊,我们肯定要与你们分享[言辞],"我说,"这位有些没听明白我刚才说的话,但他猜测默涅克塞诺斯可能知道一二,所以他吩咐我去问问默涅克塞诺斯。"[1]

友爱者与被友爱者

[d5]"那你为什么还不问他?"他说。

"可是,我会问他的。"我说,"告诉我,默涅克塞诺斯,无论我问你什么。[2]打从我还是小孩子的时候起,

---

1 苏格拉底公然撒谎!吕西斯从未向苏格拉底承认自己刚才没听明白苏格拉底的话,他只是希望苏格拉底把刚才的话再对自己的朋友默涅克塞诺斯说一遍,目的是想苏格拉底当着朋友的老师克忒西珀斯的面,修理一下"好争辩的"默涅克塞诺斯。

2 苏格拉底并没有马上向默涅克塞诺斯提出问题,而是首先提出要求,希望默涅克塞诺斯能够尽其所能回答问题,无论什么问题。与吕西斯"合谋"的苏格拉底反而首先要求完全不知情的默涅克塞诺斯坦白。

重新回到谈话现场,默涅克塞诺斯尚一言未发,保持

我就偶尔渴望得到某件宝贝，跟别的人一样，不过各有所好：有人 [211e] 渴望得到马，有人渴望得

沉默，即使在吕西斯变换位置与苏格拉底窃窃私语的时候，他也没有做声发出抗议，反而是他的表兄克忒西珀斯沉不住气，嚷嚷起来。

柏拉图以这种不着痕迹的笔法向我们呈现出这位少年持重、聪慧的天性。默涅克塞诺斯虽和吕西斯年龄相仿，明显更为成熟，尽管好胜不服输，也好与人争论，却不鲁莽。默涅克塞诺斯两次出场，都是从广场外进入密室，柏拉图提醒读者，这位少年是同龄人中的佼佼者，负责监护广场上的祭神仪式，身份尊贵。很可能是他听说苏格拉底等人进来了，趁祭神仪式的空档主动跑进来找苏格拉底一行人，他坐在苏格拉底身边，毫无怯意。这些细节皆透露出，默涅克塞诺斯兼具血气和爱欲，既虔敬又热爱智慧。他很有可能是雅典治邦者中的后起之秀。

在《吕西斯》中，默涅克塞诺斯是唯一一位在广场和密室之间游走的人，这位少年人介于大众与少数人之间。《吕西斯》中的四个主要对话人物，唯有克忒西珀斯没有被苏格拉底称作"我的朋友"。

到狗，这个想要黄金，那个想要荣誉；至于我嘛，对这些统统不感兴趣——我极其欲求（ērotikōs）获得一些朋友，更渴望（bouloimēn）拥有一个好朋友，[1] 而不是在人世间发现一只上好的鹌鹑或 [e5] 公鸡。

"凭宙斯！我［欲求朋友］胜过拥有人世间最好的马和狗；我确实相信，天狗在上，比起大流士的黄金来，我更迫切想给自己找个友伴，更准确地说，比得到大流士本人还要渴望；我就是这样一个重友之人（philetairos）。因而，[212a] 当我看到你们两个——你和吕西斯——我深受打击，但是替你感到高兴。[2]

---

1 苏格拉底承认，自己对普通人的爱好毫无兴趣。换言之，在苏格拉底的志趣谱系上，朋友居于很高的位置，胜过世间一切利益。

2 苏格拉底这段言辞很搞笑，他将好朋友与最好的鹌鹑、公鸡、马和狗相比，认为好朋友超越世人最看重的一切东西。最后，他将好朋友的位置推到最高：胜过

第三场　友爱与阴谋

"因为,你们在这么年轻的时候就能轻而易举地获得这件宝贝——你已经得到了他这样一个朋友,迅捷而牢靠,正如他得到你一样;[1] 无论如何,至于

大流士的黄金,甚至大流士本人。换言之,获得一个好朋友,胜过与国君为伴而抵达政治权力的顶峰。然而,苏格拉底并没有提到智慧,却把友爱推至与智慧同等高的位置。

"天狗在上"是苏格拉底爱用的誓言,这种誓言形式类似于前文的"凭宙斯";随着对话的推进,如果发这种誓,就是开启一个避开诸神誓言的时段。

大流士是波斯国的君王(公元前424至406年在位),曾被认为是世界上最富有的人。

1　苏格拉底显然只是表面"真诚"而已,他声称吕西斯与默涅克塞诺斯是一对可靠的朋友。然而,默涅克塞诺斯并不清楚吕西斯在自己背后捣鬼,因此,他对苏格拉底的这番话深信不疑。对于在场的其他人而言,正如希珀塔勒斯此前对苏格拉底的描述:吕西斯与默涅克塞诺斯是众人眼中一对"比谁都要好"的朋友(206d5),他们也都相信苏格拉底确实要向拥有朋友的

我,我想得到[a5]这件宝贝还早得很呢,我甚至还不知道用什么方法才能使一个人成为另一个人的朋友。

"不过,就这事儿我正想向你讨教,因为你是过来人。请跟我说说,要是某人友爱一个人,两人中哪一个[212b]成了另一个的朋友——友爱者之于被友爱者?还是被友爱者之于友爱者呢?还是两者就没区别?"

"我看没什么两样儿。"他说。[1]

默涅克塞诺斯讨教,因而场上的人全都被阻隔在苏格拉底-吕西斯这对新朋友的圈子之外。至于吕西斯,他并没有意识到,自己的"秘密"其实伤害了他与默涅克塞诺斯的友情,事实上,在他与苏格拉底密谋的同时,他与默涅克塞诺斯的友爱联盟已经瓦解。天真的吕西斯以为苏格拉底这番话是为了更好地维护他们之间的秘密约定,其实是他无法识破"老猎手"苏格拉底话中的深意。

1 对于苏格拉底的问题,默涅克塞诺斯回答得比较含糊,他似乎认为,在朋友之间,友爱者和被友爱者没什

第三场　友爱与阴谋

"你这话是什么意思？"我问，"那么，如果碰巧只是两人中的一人友爱着 [b5] 另一人的话，两人都成了朋友吗？"

"我看是这样。"他说。

"那这种情况呢？难道没可能存在某个友爱者并没有从他所友爱的 [对象] 那里得到友爱的回报吗？"[1]

"有。"

"那么这种情况呢？难道没可能存在 [某个] 友爱者甚至被他所友爱的憎恨吗？比如这种事，我想，有时候友爱者会在他们所友爱的男孩们身上经历过：[212c] 尽管他们全副身心地去爱，但是，他们中有

么区别。如此回答使得苏格拉底一下子抓住了默涅克塞诺斯的要害，顺着他的逻辑，苏格拉底推演至一个极其荒谬的结论。

1　默涅克塞诺斯不知就里，承认了苏格拉底的判断，苏格拉底马上提出反例来驳斥这一论点。苏格拉底第一次在友爱者与被友爱者之间的呼应关系上展开讨论。

些人却认为没有得到友爱的回报,甚至还有些人认为[自己]受到憎恶。或者,你认为这不真实吗?"[1]

"真实。"他说。

"那在这种情况下,"我说,"一个在友爱,另一个则被友爱。"

"对。"

"那么,这两人中[c5]谁是另一个的朋友呢?友爱者之于被友爱者——无论他是否得到友爱的回应,或是被[所友爱的]憎恶——还是被友爱者之于友爱者?或者在这种情况下,谁也不是谁的朋友,

---

[1] 苏格拉底这一问题其实指向三个谈话主角:首先,苏格拉底回应了希珀塔勒斯开场时的困惑——他全身心地友爱吕西斯,然而期待"投之以木瓜,报之以琼琚"的希珀塔勒斯非但没能获得对方友爱,甚至有可能收获吕西斯的嫌恶;其次,苏格拉底也暗中告诫眼前自信的默涅克塞诺斯,他自以为了解友爱,了解朋友吕西斯,事实上他遭遇了朋友的背叛,是这场"密谋"行动的猎物;最后,苏格拉底还可能在提醒吕西斯:应该对友爱自己的人回报什么。

除非他们两个彼此友爱?"[1]

"不管怎么样,[212d] 看来如此。"

"那么,现在看来我们的看法就与刚才不同啦。刚才说,如果两个人中的一个友爱另一个,在我们看来,这两人就是朋友了;而现在呢,除非他们彼此友爱,否则就不是一对朋友。"[2]

"恐怕是这样。"他说。

---

1 与苏格拉底处于第一"密谋"圈的人是希珀塔勒斯那伙人,他们与第二"密谋圈"的吕西斯各了解一半真相,在他们看来,苏格拉底的问题仍在回应希珀塔勒斯的嘱托:演示如何吸引中意的孩伴;然而在吕西斯看来,苏格拉底是把默涅克塞诺斯引入言辞的"陷阱",用归谬法把他带入自相矛盾之中。只有毫不知情的默涅克塞诺斯才是场上除苏格拉底之外,唯一纯粹进行思考的人。至于拥有全部真相的苏格拉底,以及《吕西斯》的读者们才能通观这场对话,在对话人各自的真实处境中理解友爱的含义。

2 以这个标准来审视吕西斯与默涅克塞诺斯、吕西斯与希珀塔勒斯、吕西斯与苏格拉底这三对关系,他们都称不上真正的朋友。

"如此说来,友爱者连一个朋友也没有,[d5]除非他能获得友爱的回应。"

"看来没有。"

"这样的话,那就没有爱马的人咯,因为马并不会以友爱回应他们,同样原因,也就没有爱鹌鹑的(philortyges)、爱狗的(philokynes)、爱酒的(philoinoi)和爱健身的(philogymnastai),还有爱智慧的(philosophoi)——除非智慧本身能以友爱回应他们。可是,这每一种[友爱者]都是实实在在地友爱着[212e]这些东西,尽管这些东西并不是朋友。[1]

---

1 苏格拉底使用了诡辩术,他巧妙利用古希腊文中爱马、爱狗乃至爱智慧共有同一个词干 phil-[喜爱的]作为反驳论据。值得注意的是,苏格拉底首次加入了爱智者。他在 211e-9 提到过爱马者、爱狗者、爱财者以及爱荣誉者和爱权力者,唯独没有提到爱智者,这里他不厌其妙地重新罗列这一些人的时候,爱财者、爱荣誉者和爱权力者消失了,增加了爱智者。值得注意的是,苏格拉底这次复述偷换了一个重要语词: epithumōn[欲望]变成了philia[友爱]。

诗人的谎言

"那么,诗人有可能说谎了?当他说:'快乐的人啊,他与自己的孩子和铁蹄的马儿为友,与狩猎的犬和异邦的访友为伴。'"[1]

---

[1] 苏格拉底利用 philia 的多义项,篡改了梭伦的原话,更接近梭伦本意的解释应该是:"一个富足的人,他拥有可爱的孩子和一群单蹄良驹,……"在这种解释中,短语"可爱的孩子"比"他自己的孩子"更接近梭伦的原意。

诗句皆出自梭伦诉歌(Diehl, 13),原文语境不得而知。梭伦生活在《吕西斯》这篇对话的戏剧时间之前一个多世纪,他生前享有盛名,被视作古希腊七贤之一,是雅典伟大的立法者。柏拉图安排苏格拉底在此篡改一百多年前的古希腊圣王梭伦的话,可能意味着,苏格拉底暗中取代了古代立法者的位置,哲人在此成了立法者。不过,苏格拉底首先遇到默涅克塞诺斯的抵制。

[e5]"我可不这么看。"他说。[1]

"你认为他说得真实?"

"是的。"

"所友爱的是友爱者的朋友,看来是这样的,默涅克塞诺斯啊,无论[所友爱的东西怀有]友爱还是憎恶,如同初生的幼孩——他们中的一些人还不会友爱,而另一些甚至[213a]在受到母亲或父亲教训的时候会产生憎恶——不管怎样,即便在他们憎恶父母的那一刻,[他们]也是父母的至爱。"[2]

---

1 对城邦政治充满热情的默涅克塞诺斯当然崇拜雅典圣王梭伦——这位雅典民主政体的奠基人,绝不能容忍苏格拉底说梭伦撒谎,所以第一次对苏格拉底的话提出异议。对勘吕西斯此前曾三次反对苏格拉底,且都是当苏格拉底的问题涉及自身时(207e4、210c9、210d9)。吕西斯为了维护自己的利益对苏格拉底的话提出反对意见;默涅克塞诺斯则不同,他似乎更不能忍受苏格拉底挑战他的信念,譬如对于民主的信念。

2 父子关系往往暗喻立法者与民众的关系,前一句

第三场　友爱与阴谋

"我认为正是如此。"他说。

"照这么说，友爱者并不是朋友，[a5] 反而被友爱者才是朋友。"

"好像是这样。"

"那么，被憎恶者是敌人，而非憎恶者是敌人吧。"[1]

"显然啊。"

刚刚出现雅典最伟大的立法者圣王梭伦。在柏拉图的《会饮》中，女先知第俄提玛告诉过青年苏格拉底，雅典人之所以如此崇敬梭伦，正是因为他生育了法制，留下了灵魂的子女（209d9-10）。因此，苏格拉底此处的内在论证，很可能关涉民众与立法者之间谁是友爱者这一重大问题。

1　敌友关系是古典政治哲学的重大问题，分清敌友关涉一个城邦的生死存亡。对敌人善即是对朋友恶，从而，敌友之间出现了正义问题。对敌人恶是否会导致正义的人行不义的事? 行不义的人是否还能称为义人? 一个人若秉持正义，很可能会导致对敌人善，而对朋友恶? 这是一个两难问题，正义在敌友之间遇到了边界。

"因此，许多人被他们的敌人所友爱，而被他们的朋友所憎恶，那么，[213b] 如果被友爱者是朋友，而非友爱者是朋友的话，这些人就是他们敌人的朋友，又是他们朋友的敌人咯，不过，这显然极不合理，我亲爱的友伴（phile hetaire），[1] 或者说透点，我认为，一个人是朋友的敌人或者是其敌人的朋友，这根本就不可能。"[2]

"看来你说得正确啊，苏格拉底。"[b5] 他说。

"好吧，如果这不可能，那么，友爱者才是被友爱者的朋友吧。"

"显然啊。"

"反之，憎恶者就会是被憎恶者的敌人。"

"必然如此。"[3]

1　苏格拉底第一次称呼默涅克塞诺斯为"我亲爱的友伴"。

2　这是全篇含义最难把握的部分，苏格拉底使用了诡辩术。

3　默涅克塞诺斯逐步掉进苏格拉底言辞精心构造的

"这么说,我们将被迫同意那些[213c]与我们此前讨论相同的事情,许多时候,一个友爱者是"非友"的友爱者,甚至常常还是敌人的友爱者,只要当某人友爱并不友爱他的,或者友爱憎恶他的东西时。许多时候,一个敌人是'非敌'的敌人,或者甚至是朋友的敌人,只要当某人憎恶并不憎恶他的,甚至憎恶友爱他的。"[1]

[c5]"很有可能。"他说。

"那么,我们该怎么办?"我说,"如果朋友既

"陷阱",他完全同意他先前反对的观点。

1 苏格拉底否定了与敌为友和与友为敌的正当性,从而反推出:被友爱者不可能是朋友,友爱者才是朋友。反之,憎恨者就是被憎恨者的敌人。苏格拉底提醒默涅克塞诺斯,他们的论证又回到了曾经被他们抛弃的第一个结论:友爱者是朋友,无论对方喜爱或憎恶他。不过,苏格拉底并没有讨论憎恨者的问题。因此,苏格拉底虽然告诉听众,他们论证了一圈后又回到原处,但实际上,苏格拉底的第二次论证(213b1–9)比第一次论证(212a6–212e1)增加了关于敌人的讨论。

不会是那些主动的友爱者，也不会是那些被友爱者，也不是那些既主动友爱又被友爱者。[1]除此之外，或者我们说，仍然还有其他一些能够彼此互为朋友的吗？"

"不，凭宙斯！"他说，"苏格拉底，我压根儿就找不到路了。"

1　第一场关于朋友的论证与吕西斯惩罚朋友的"密谋"、希珀塔勒斯勾引吕西斯的"密谋"纠缠在一起，这场寻找朋友的论证行动注定会失败。出于要看朋友默涅克塞诺斯当众出糗的目的，吕西斯极力撺掇苏格拉底去考察默涅克塞诺斯，因而，他本人就成了苏格拉底口中所举的例子：一个人的所爱并不爱他，甚至恨他。苏格拉底与默涅克塞诺斯进行众所周知的争论时，苏格拉底的反驳完全有赖于默涅克塞诺斯拒绝承认憎恶者是朋友。实际上，默涅克塞诺斯如果洞察到吕西斯的隐秘动机，肯定会无奈地承认：憎恶者很可能就是自己身边的朋友。至于单方面友爱吕西斯的希珀塔勒斯同样会认识到自己的处境：自己友爱一个并不爱自己的人。

［附释］ 至此,苏格拉底实际上间接承认了:在场所有的人,无论是被友爱者、友爱者,抑或同时友爱与被友爱的,都不是真正的朋友。

陷入苏格拉底循环论证的默涅克塞诺斯只得无奈地承认:自己根本找不出其他朋友的类型。由此,苏格拉底和默涅克塞诺斯探索谁是朋友的第一次航行就遭遇风暴,只能等待第二次启航。

第四场　重新审判诗人

　　[题解]　在上一场谈话中,苏格拉底至少完成了吕西斯交给他的秘密任务:让默涅克塞诺斯受到教训。苏格拉底假装向默涅克塞诺斯请教关于朋友的知识,结果却让这位少年认识到自己的无知。从这个角度而言,苏格拉底完成了他对吕西斯的承诺。接下来,苏格拉底要带领少年们二次启航,重新寻找什么是朋友。

　　这一次,吕西斯表现出对智慧的强烈爱欲,让苏格拉底感到惊喜不已。他一改先前轻佻、搞笑的姿态,话语中充满诚挚和劝勉——苦心期盼这些搞错方向的男孩们迷途知返。苏格拉底再次把自己降低到与男孩们同一个层次,呼吁男孩们不要再重蹈旧辙——阿尔喀比亚德和卡尔米德的旧路。

[213d]"兴许是,"我说,"默涅克塞诺斯,我们根本就没有找对路子一探究竟呢。"

"我看是这样,苏格拉底。"吕西斯说,话音未落他就脸红了。[1] 在我看来,这些话是他情不自禁冒出来的,因为,他的全副身心都沉浸在 [d5] 我们刚才的谈话中,显然,他全部都听进去了。[2]

---

1 吕西斯的脸红意味着他全心投入到爱智者的行动之中。吕西斯素来自矜,自尊心又强,眼下却忘我地投入到苏格拉底的谈话中,跟随苏格拉底一同思考,突破了自己的天性。可见,吕西斯脸红意味着产生羞耻感,他因意识到自己的不足和欠缺而羞耻,这正是爱智者的特性之一。另外,苏格拉底能克制自己脱口而出的话(210e),吕西斯则不能,显示了吕西斯尚未学会审慎。

2 吕西斯表现出对智慧的热爱,令苏格拉底感到愉快。相反,同样在智慧上欠缺的默涅克塞诺斯却毫无所动。可见,默涅克塞诺斯很可能就是苏格拉底之前揭示的那个人:自以为蛮有智慧,其实还没有学会思考,却整天想着干大事。

让我们换个方向思考吧

我的确正打算让默涅克塞诺斯喘口气,同时也为另一个对智慧的热爱感到满意,于是,我改变方向,转而[213e]与吕西斯说了这番话。我说:"吕西斯啊,在我看来,你说得对:要是我们过去的检审找对了路,我们就不会像现在这样迷茫。

"所以,我们别再沿这个方向走啦!这种检审在我看来实在是一条非常艰难的路。[1] 但是,[e5]在

---

1 苏格拉底的话表面上是在总结他和默涅克塞诺斯论证失败的原因,要害在于他们搞错了论证方向。实际上,苏格拉底很可能是在暗示,在场的听众——他们这些跟随新派智术师学习智慧和王政术的人迷失了方向。这些自以为拥有良朋善友的青年男子——雅典城邦未来的栋梁们,根本没有弄清楚什么是朋友,毫无识别敌友的见识和能力。所以,苏格拉底一语双关地劝说这些走错路的雅典青年们要找对思考的方向,不要迷失了心志。

第四场　重新审判诗人

我看来,我们必须从转向的地方继续走下去——按照[214a]诗人们的说法去检审[我们的路]。毕竟,我们把诗人看作智慧之父和[我们的]引路人。[1] 关于朋友以及朋友到底是什么,他们表达的观点和说的话兴许还不算差;相反,他们声称,通过把彼此引领到一起,神亲自使他们成为朋友。

[a5]"我认为,他们的意思就像这句话,'神总是把相似的引到相似的跟前',[2] [214b]并且使他们相

1　苏格拉底此前曾经质疑过梭伦这位诗人立法者说谎,当时因为默涅克塞诺斯的固执反对,他没有坚持把这个话题继续下去(212e3)。现在,苏格拉底重拾起诗人立法者说谎的话题,似乎意味着,他与默涅克塞诺斯论证失败,原因在于没有检审诗人的话。在苏格拉底看来,诗人被"我们"(苏格拉底很可能在装样子,他把自己摆到与听众同一立场,只是不想惊动猎物)称为"智慧之父"和"智慧的引路人",很可能是一种错误。苏格拉底希望吕西斯和默涅克塞诺斯能够重新思考诗人的话是否正确。

2　引诗出自荷马史诗《奥德赛》(17.218),历经艰难

知——难道你没有恰巧读过这些诗句？"

"我恰巧读过。"他说。

险阻返回故乡的奥德修斯乔装打扮成乞丐，与忠仆猪倌欧迈奥斯一同前往王宫去见妻子佩涅洛佩，在路上巧遇羊倌墨朗忒俄斯。羊倌没有认出旧主，以为又遇上两个妄想娶王后的无赖，于是开口羞辱奥德修斯："现在真是卑贱之人引导卑贱之流，因为神明总是让同类与同类相聚。"墨朗忒俄斯不但没认出乔扮成乞丐、衣衫褴褛的主人奥德修斯，反而开口辱骂他；同样没有认出奥德修斯的欧迈奥斯则以自己高贵的品性和善好的德性帮助这位装扮成陌生人的流浪汉。

雅典娜虽然把奥德修斯带到欧迈奥斯面前，但她并没有让他们彼此了解。奥德修斯没有向品性高贵的欧迈奥斯吐露身份的秘密，却将此秘密直接告诉儿子忒勒马科斯，可见高贵的欧迈奥斯并没有获取奥德修斯以性命相托的信任，相形之下，血亲关系相对于朋友间的友爱似乎有无法比拟的优势。苏格拉底要在这里论证的是，诗人对友爱的理解并不可信，他要带领年轻伙伴吕西斯和默涅克塞诺斯首先检审"相似物之间是否是朋友"。

相似者与相反者

"那么,你是不是也恰巧读到过那些最有智慧的人写下来的东西(syggrammasin)正好谈到这些,他们说相似者必然是相似者的朋友?至于这些人,我认为是一些就自然和整全 [b5] 立言和著文的人。"

"你说得真实。"吕西斯说。

"那么,"我说,"他们说得好吗?"

"或许吧。"他说。

"也许,"我说,"这话只对了一半,也许全对,只是我们并没有理解这些话。[1] 毕竟,在我们看来,

---

1 苏格拉底提醒听众,要重新检审诗人的说法,诗人可能只说出了一半的真理;宇宙论哲人的说法"相似的人彼此友爱"也可能同样是一半的真理,尽管苏格拉底仍然尊称自然哲人是"最有智慧的人"。不过,苏格拉底也提醒青年人,无论称为智慧之父的诗人,还是最有智慧的自然哲人,他们都有可能撒谎,仅仅说出一半真理。不过,苏格

无论如何,一个自己就是无赖[的人][214c]与另一个无赖越接近,联系越紧密,他就会变得心怀恨意,因为那人做得不公正。按我的看法,伤害者与被伤害者无论如何也不可能成为朋友,不是这样吗?"[1]

拉底没有告诉这些热衷言辞训练、渴望过上求智生活的青年人,这些最有智慧的人为何要撒谎,为何只对公众说出一半的真理。

1　为了说明诗人和自然哲人说"相似者是朋友"是在撒谎,苏格拉底提出的第一论据是:两个走到一起的坏人不可能成为朋友。苏格拉底的论证过程是:由于坏人不行正义之事,反而行不义之事,因此坏人之间绝无正义可言。换言之,尽管坏人与坏人可能会为一时的利益结为一伙,暂时结盟,也会出于本性去对身边的人行不义之事,结果是两个坏人越靠近,就越可能反目成仇。所以两个坏人之间绝不可能产生友爱,因为没有人愿意与伤害自己的人结交。苏格拉底由此得出第一个结论:坏人不可能与坏人交朋友;进而苏格拉底反向推论,自然哲人的话不适用于两个坏人,因此他们只说出了一半真理,即

"是。"他说。

"照这么说,那么这些话有一半不[214c5]正确——也就是,假设坏人彼此相似的话。"[1]

"你说得真实。"

"但是,在我看来,他们的意思是,好人们彼此相似,彼此是朋友,而坏人则不然——他们正如常言所说的——坏人变化多端,彼此之间绝无可能相似,即便他们自己跟自己也绝不相似[214d];况且,凡与自身不相似并且不同于自身的,必然不可

当且仅当两个相似的人是好人时,他们才互信互爱,成为朋友。

[1] 苏格拉底推进到第二个论证:由于坏人绝不可能有相似者,甚至他与自身也不相似,因此,坏人与坏人之间彼此不可能靠近。仅当坏人有相似者的时候,诗人荷马的话——"神始终把相似的人带到相似的人面前并使他们结识"才会是正确的。简言之,苏格拉底提出:其一,坏人即便走到一起也不会彼此友爱;其二,坏人与坏人彼此不相似,因此不可能走到一起。因此,哲人-立法者都只说出了部分真理。

能与别的什么相似或成为朋友。难道这不也是你的意见吗?"

"我就是这样认为。"他说。[1]

"那么,我的友伴啊,[2]在我看来,这就是他们用

---

1 苏格拉底先前声称梭伦撒谎时,默涅克塞诺斯即便折服于苏格拉底的论证,他仍然固执地不承认圣王梭伦会撒谎的结论。苏格拉底的这番论证显然颇为大胆、激进,默涅克塞诺斯则显得持守传统观念,即便他被苏格拉底强有力的论证说服,他仍然不能从情感上信服结论。相反地,吕西斯则显得激昂、大胆,他急切地认同苏格拉底的结论,没有丝毫默涅克塞诺斯的顾虑和犹豫。与其说吕西斯信服的是道理,不如说他信服苏格拉底这个人本身。

2 苏格拉底在与默涅克塞诺斯的那场谈话(212a)中提到,自己至今还没能拥有一个朋友。现在他不再称呼吕西斯为朋友,改称"友伴"。开场时,希珀塔勒斯曾经用这个词来称呼智术师米克科斯,说他是苏格拉底的友伴。因而有理由推测,苏格拉底这番话表面上是对吕西斯说话,实际上是针对智术师米克科斯发言。反过来看,

打哑谜的方式[所说的话]——[d5]'相似者是相似者的友爱者'——意思是说,好人只会是好人的朋友,坏人永远不可能从好人或坏人那里获得真正的友爱。你也这样看吗?"[1]

他点头同意。

"那么,现在我们已经逮着朋友究竟是什么了。毕竟,这话[214e]向我们暗示,好人都是[朋友]。"

"我认为确实如此。"他说。

"至于我嘛,"我说,"这里还有些让我自己不能

如果此时苏格拉底称呼友伴是指向米克科斯,可能意味着苏格拉底上述这番揭秘的话其实是在模仿新派启蒙智术师。

1 苏格拉底承认,诗人-立法者的话就像一个谜。在向吕西斯、默涅克塞诺斯揭示了诗人和自然哲人的秘密之后,苏格拉底提示男孩们,到目前为止,他们用自己的方式回答了什么是朋友的问题(214d9),因为此前的讨论向他们显明了谁是好人。因此苏格拉底的这次航行有了一个成果:教育青年人如何识别好人。按照上述讨论,拥有朋友的必定是好人,坏人肯定没朋友。

接受的地方。[1] 所以，凭宙斯！赶紧让我们看看我感到怀疑的是什么。相似者因为相似而与相似者成为朋友，那么，[214e5] 这样一个 [相似者] 对于另一个 [相似者] 有用吗？[2]

1　苏格拉底不能接受新派智术师的狂妄与草率，他们公开宣扬古风诗人和自然哲人出于审慎有意隐藏起来的另一半真理，不惜摧毁政治共同体的习传基础，公然指斥圣王梭伦和古希腊人的伟大教诲者荷马撒谎，瓦解雅典青年人对传统权威的敬畏和崇敬，将这些尚未成熟的心智引向一条激进和盲动的道路。别忘了，吕西斯与默涅克塞诺斯之前都是受教于智术师米克科斯，此人正好隐然在场。

苏格拉底与新派智术师不同之处在于，苏格拉底仅仅在密室中模仿智术师的观点，给少数优异的灵魂做智慧的操练，同时也为在场的其他青年人解毒，并非不分对象地公开宣讲。此时的苏格拉底与智术师犹如摔跤场上缠斗在一起的两个身体，苏格拉底既要在相似的外观下展示对手逻辑的荒诞和错误，又要教会在场的青年听众辨识智术师的本相。

2　苏格拉底先前是用坏人没有朋友的论点摧毁了习传

"不然，说得更确切些：任何相似者能够对其所相似的任何东西做出有益或有害的、而［相似者］自己无法加诸自身的事情吗？还是说，相似者能够［从其相似者处］而不是从其［215a］自身那里获取任何［好处或坏处］呢？那么，倘若相似者彼此间不能互助，他们又怎会彼此珍惜？有这种可能吗？"[1]

"没有。"

的说法：相似者与相似者是朋友。智术师面具下的苏格拉底指出诗人-立法者撒谎，他们只说出了片面的真理：因为坏人彼此之间毫不相似，从而坏人不可能成为朋友，由此得出只有好人是朋友的结论。但是，苏格拉底随即又引入了一个新的友爱条件：是否有用。

1 到目前为止，苏格拉底已经涉及友爱的第二种情况，基于利益的接近是否能够称作在建立友爱。如果说前面论证相似者之间能否产生友爱是基于友爱的政治维度——在政治生活领域，辨别敌友至关重要，关涉城邦的政治品性；那么，苏格拉底重新考虑相似者之间的互惠问题，则更多侧重于友爱的哲学维度。

"若不珍惜,何来友爱[朋友]呢?"

"绝不可能。"

"不过,即便相似者不会与其所似者为友,然而,好人之所以是好人的朋友,[a5]是就其好而言,而非就其相似而言,对吗?"[1]

"或许是。"

"什么?不是好人越好,就越能满足其自身吗?"

"是的。"

"但是,对于一个感到满足的人来说,由于充足就无所需求。"[2]

1　苏格拉底再次推翻相似者与相似者是朋友的结论,他指出,天性相似的好人彼此之间产生友爱、成为朋友,并非因为好人与好人的相似,毋宁说,他们因为本质上都善,天性上就会彼此友爱。

2　苏格拉底步步推进,从自足性的角度推翻之前提出的好人与好人才能成为朋友的结论。苏格拉底的理由是,好人因自身善的完备程度而感到自足,从而不再感到欠缺,他们既不需要也不会珍惜友爱者,更不会去友爱他人,因而自足的好人不会有朋友。

第四场　重新审判诗人

"怎么不是呢。"

"这种人既然[215b]无所需求,也就无所珍惜。"

"当然不会。"

"不会珍惜的人也就不会友爱。"

"肯定不会。"

"不会珍惜的人不会是一个朋友。"

"显然不是。"

"那么,如何才能做到这一点呢?起先在我们看来,好人皆是好的朋友,是因为朋友不在身边的时候,他们之间根本就不相互渴望[b5],即便彼此分开了,他们仍感自足;当朋友出现时,他们相互之间又毫无用处,究竟是什么理由使得这类人彼此珍惜呢?"[1]

1　苏格拉底反问吕西斯,倘若好人没有朋友不会感到欠缺,有朋友也不会珍惜,那么好人之间怎么可能会成为朋友呢?苏格拉底无疑再次推翻了此前的结论,取而代之的观点是:相似的好人之间不会成为朋友,因为好人没有欠缺。

"没有[理由]。"他说。

"但是,[215c]倘若他们做不到相互珍惜,他们就压根儿不是[朋友]。"

"真实。"

"你得想想,吕西斯,我们不知怎么走偏了!我们彻底被欺骗了吧?"[1]

"怎么回事?"

"从前我曾经听某人[2]说过[c5]——我刚刚才回忆起来——他说相似的最恨相似的,好人最恨好人。此外,他还提请赫西俄德作证人,[赫西俄德]这

---

1 苏格拉底只呼叫吕西斯的名字,首次承认思考走错了方向,声称"我们"被蒙骗了。其实模仿智术师的苏格拉底只让吕西斯上"套",却让默涅克塞诺斯中途逃逸了——他始终不能承认哲人-立法者撒谎。因此,苏格拉底装出一副如梦初醒的样子,承认先前论证失误,他要返回来重新证论,以便带走默涅克塞诺斯。

2 苏格拉底始终没有说明这个人是谁,但是接下来,他却戴着这一匿名的面具改写古风诗人赫西俄德的诗句。

样说:'陶工恼恨陶工,歌者恼恨歌者,[215d]而乞丐恼恨乞丐。'¹

"其他情况也如此,赫西俄德还说:'凡最最相似的东西之间必然满是嫉妒、好胜和憎恨,而越是最不相似的东西之间则越充满了友爱。'赫西俄德说:[d5]'因为穷人被迫与富人为友、弱者被迫与强者交友,都是出于想要获得帮助的缘故,病人与医生之间也是这样,谁要是在所有的事情上无知,他准

---

1 诗出赫西俄德的《劳作与时日》(行 25),经过苏格拉底的双重转述,省去了"木匠最恼恨木匠"一句。赫西俄德在《劳作与时日》开篇第二段就提到,大地上有两位不和女神:一位不和女神天性残忍,挑起战争和争斗;另一位不和女神(夜神的长女)则值得歌颂,因为她刺激懒惰者上进,邻里之间相互攀比,争先致富,这位不和女神有益于人类,随后就提到苏格拉底所引的诗句。显然,诗人赫西俄德是在褒奖的语境中使用这句诗,可是经苏格拉底的双重转述后,诗句却是在一种批评的语境中使用。戴着匿名面具的苏格拉底再一次改写朋友的定义。

会珍惜那个学富五车的人,并且友爱他。'[1]

[215e]"他还继续深入地、出色地推进他的论证,他说:'事实上,相似者与其所相似的完全没可能成为朋友,且情形恰恰与此相反,'他说,'因为最对立的与最对立的才是朋友,毕竟,每种[e5]事物需要这样一种与其对立而非相似的事物,譬如:干要湿,冷要热,苦要甜,利要钝,空要满,而满则需要空。[2] 其余事物皆遵照同一原则。'他说,'因

---

[1] 苏格拉底引入古代诗人赫西俄德来反对历史更久远的诗人荷马,从一个截然相反的角度论证朋友是什么,从相似者与相似者成为朋友转入最对立的与最对立的才是朋友。苏格拉底让人们看到,从古至今,关于朋友是什么的问题,众说纷纭。在古代诗人那里就存在着尖锐对立的观点。

[2] 这番话与《会饮》中的著名医师厄里克西马科斯歌颂爱神的讲辞极其相似,苏格拉底很可能是在引用这位雅典著名医术专家的观点。厄里克西马科斯在《会饮》中描述了自然中的法则:干与湿、冷与热、苦与甜,这些都是身体中相互交恶的对立成分,为了调和这些对立的成分,

为对立的［事物］滋养与其相对立的［事物］，而相似的事物从其所似的事物方面毫无［216a］增益。'¹

厄里克西马科斯提到创建医术的祖师爷阿斯克勒皮俄斯用情爱和协调来浇灌身体中的对立成分。

不过，厄里克西马科斯在那里并没有提到利与钝、空与满，这显然是苏格拉底塞进了自己的说法。前三种对立与身体感觉相关，后两者则与灵魂类型有关，厄里克西马科斯其实只讲述了身体的自然法则，苏格拉底更关心心智的麻木与敏感、灵魂的欠缺与丰盈这类古典政治哲学的大问题。

1 假设朋友就是对他人有用的人，因而从自足的角度回答不了好人与好人是朋友的问题。于是，苏格拉底引入相对立之物是朋友的论题。在《会饮》中，第俄提玛描述的爱若斯是丰盈与贫乏之子，仿若苏格拉底的化身，而爱智者正是那些自知欠缺而欲求智慧之友的人。苏格拉底在《吕西斯》中通过暗自修改启蒙智师的话，提醒这些好学的男孩们，要看清自身灵魂的特质：自身资器是利还是钝，满还是缺？如果他们还需要朋友，只能承认自己尚有不足和欠缺。因而，他们必须学会判断自己的灵魂是哪一类，需

"实际上,我的友伴啊,[1]在我看来,他说这些[道理]的时候可是一个聪明人。因为他讲得真好。你们俩怎么看?"我说,"他说得怎么样啊?"

"他说得好,"默涅克塞诺斯说,"至少,听起来如此。"[2]

"那么,我们能否同意,对立的是其所对立之物的[a5]朋友呢?"

"当然如此啊。"

"好吧,"我说,"默涅克塞诺斯,这难道不奇怪吗?那些心智超凡的人——那些巧言善辩的家伙——难道不会立刻高兴地向我们扑过来质问:

要什么样的朋友。

1 苏格拉底第二次称呼吕西斯为友伴。

2 苏格拉底说完这番话时,默涅克塞诺斯忍不住开口叫好,这一次是默涅克塞诺斯代替苏格拉底的角色,让心里的话脱口而出。看来,默涅克塞诺斯也渐渐跟上了苏格拉底的步伐。不过,苏格拉底并没有像鼓励吕西斯那样,对他发出赞许。似乎苏格拉底觉察出,充满血气的默涅克塞诺斯的灵魂质地是热,因而得用冷来调和,使之中正。

[216b]'是否敌意与友爱最为对立?'我们该怎么回答他们?或者我们没必要承认他们说得正确?"

"必须承认啊。"[1]

"好,那么他们会说:'敌意是友爱的友爱者,或者友爱是敌意的友爱者咯?'"

"都不是。"

"但是,正义会是不正义的友爱者吗?[2] 还是说,

---

1 苏格拉底反诘默涅克塞诺斯,敌意与友爱最对立,倘若承认友爱产生于相对立的事物之间,那就只能从中得出一个荒谬的结论:敌意是友爱的友爱者,或者友爱是敌意的友爱者。

对此,默涅克塞诺斯只得承认,两种情况都不可能出现。敌友问题又把苏格拉底带回到政治哲学层面。

2 这是苏格拉底第二次提到正义问题,第一次是在他反问吕西斯有没有对父母行过不义之事的时候。

在场的听众都是对雅典城邦政治满腹热情的青年人,他们涉世未深,难免非此即彼,非黑即白,并不能够理解在属人的世界里有太多德性的模糊地带,那些极端相反的事物只能存在于纯粹的自然界或智术师的逻辑推理之中。

[b5] 节制是放肆的友爱者,好人是坏人的友爱者呢?"[1]

"我不这样看。"

"可是,"我说,"如果按这个说法,正是由于对立,某物才是其朋友的友爱者,这些对立之物必然就是朋友啊。"

"必然如此。"

"因此,既非相似者是其所相似者的友爱者,也非对立者是其所对立者的友爱者。"

"看来不会。"

---

1 这里涉及一些重要的政治伦理:正义与不正义,自制与放肆恰好是极端对立的事物。如果承认相对立的事物之间产生友爱,默涅克塞诺斯就得承认,正义与不正义相伴,自制与放任相偕。如果这些极为对立的事物可以成为朋友的话,那么,好与坏之间的界限自然会消失,如此一来,城邦的政治和伦理的基础就会瓦解。如何设想生活在一个是非曲直不分、善恶混淆的城邦?

[附释] 在这场谈话结束时,苏格拉底逼迫默涅克塞诺斯承认:友爱既不会存在于同类之间,也不会在相对立的事物之间。于是,苏格拉底与男孩们关于友爱的探问又进入死胡同,"朋友"这只猎物再次逃匿,追捕者似乎全都陷入茫然。

第五场　谁是美和善的朋友

［题解］　为了鼓起这些年轻猎手的勇气，老练的猎手苏格拉底接下来会宽慰他的伙伴们，鼓励他们继续展开一次新的猎捕。苏格拉底再次担起了引路人的职责，为这些男孩们另辟蹊径，指出一个新方向：或许不好不坏是善的朋友。在柏拉图的《会饮》中，阿里斯托芬的颂辞表明，雅典的民主政治已走到尽头，只能接受哄骗人的安慰，而苏格拉底的颂辞则回到爱若斯诞生的源头，寻找它智慧的父亲。因为女先知第俄提玛告诉苏格拉底：真正的哲学处于中间位置，而非高居云天，是爱欲者而非被爱欲者。接下来，苏格拉底将扮演第俄提玛的角色，他要模仿女先知的口吻对两位少年说话。

[216c]"不过,让我们把这个[观点]再看仔细些。¹ 也许朋友真正是什么[这个问题]早已逃开²我们的注意,也许我们所说的这些都不是;然而,那些既不好也不坏的事物可能却成为好的友爱者。"³

"此话怎讲?"他问。

"好,凭宙斯啊!"我说,"我不[c5]知道——但是我自己真的被这个论证的死胡同弄得晕头转向啦,而且我还担心,如同那句古谚所言:'美是朋友。'⁴ 不管怎样,它就像某种柔软、平顺且滑溜溜的

---

1 苏格拉底鼓励两位少年不要气馁,要提起勇气,敢于重新开始思考。

2 柏拉图用了开场出现的一个隐喻:猎手与猎物——本来比喻爱欲者与被爱欲者之间的关系,现在比喻爱智者与智慧之间的关系。换言之,猎手与猎物、爱欲者与被爱欲者、爱智者与智慧、友爱者与被友爱者——这些对称性的比喻是《吕西斯》全篇对话的根基性问题。

3 真正的爱智者处于居间位置。

4 对于苏格拉底的新方向,默涅克塞诺斯显得很困

东西。[1] [216d] 或许，这就是为什么它如此轻易地与我们擦肩而过，从我们身边偷偷溜掉，因为它就是那样的东西。因此我说好就是美，你呢？你也这么看吗？"[2]

"我确实这么看。"

"那么，我要像先知那样开言：[3] 凡不好不坏的东

惑，他第一个询问苏格拉底的说法是什么意思。苏格拉底承认，自己并不知道这个方向能否看到猎物的踪影，他罕见地说，自己也被论证的死胡同弄得晕头转向。

"美是朋友"这句古谚出自欧里庇得斯的《酒神的伴侣们》881，以及忒奥格尼斯的《诉歌》17及以下。

1 苏格拉底很可能在这里讲了一个雅典人熟知的荤段子。整篇对话从开场就一直笼罩在性的氛围中。

2 苏格拉底说美是好的，他用听众更能感知的词"柔软、平顺且滑溜溜"来描述美。这些词很容易与希珀塔勒斯对少年吕西斯身体的欲恋联系起来。

3 苏格拉底在此特意强调，自己如先知一样发言，这让我们想起《会饮》中来自曼提尼亚（Mantinikēs）的女先知——第俄提玛，Mantinikēs这个地名与希腊文的"预言者"

西就是美和好的朋友;[d5]关于我所预言的话,你当听!依我看,似乎有三类事物:好的、坏的、既不好也不坏的。你怎么看?"[1]

(mantis)一词同源。柏拉图利用"先知"这个词巧妙地把第五场谈话与《会饮》里第俄提玛就爱欲奥秘对苏格拉底的教诲联系起来,使得两场对话在一种平行对应中相互发明。如前所述,关于友爱中的爱欲问题,《吕西斯》除了有一个充满爱欲的开场之外,随后爱欲便在苏格拉底的谈话中消失了——苏格拉底避而不谈爱欲。第五场谈话开始,爱欲问题显得重新回到谈话中,这一次爱欲问题的回归主要与灵魂的生育有关。

1 简单的好坏二分法被"好""不好不坏""坏"的三分法所代替。由于"坏"的出现,"不好不坏"还将成为"好"的朋友。苏格拉底这里说的三类性质恰好对应三类灵魂。在《尼各马可伦理学》(1160a31–b30)中,亚里士多德先谈论友爱与公正、共同体三者之间的关系,接下来就谈到三种政体(君主制、贵族制、共和制)及三种变体(僭主制、寡头制、民主制),三类友爱与三种政体形成某种对应关系。在友爱最多的共同体之中,对公正的要求也最强烈,

"我也这么看。"他说。

"依我看,既非'好'是'好'的朋友,也非'坏'是'坏'的朋友,也非'好'是'坏'的朋友 [216e]——那么,正如先前论证所不同意的,如果有样东西真的是另一个的朋友,那么,'既不好也不坏'的应该是'好'的朋友,或是与它自身相似的东西的朋友;[1]

而它里面的不公正,其后果也最严重。

[1] 苏格拉底的结论颇令人震惊。他指出,与美和好为友者不会是好和坏,换言之,好人和坏人都不是美和好的友爱者,这种观点很可能会打击这里的谈话对象——坏人自然不会爱欲美和好,然而,好人也不是美和好的友爱者则令人难以接受。这个结论将迫使那些追求美和好的人不得不承认,自己并非好人,只能是处于居间状态的人。

不过,我们应该记得,在《会饮》中,苏格拉底把爱若斯比作处于居间状态的爱智者。在《会饮》(210a6–e3)中,第俄提玛向苏格拉底透露了爱欲的奥秘:凡是想正确欲求美的人,如果要找真正的引路人,就会从爱慕一个美的身体上升到爱慕形而上的美,爱灵魂的美胜过爱身体的美,最终他会看到知识的美,这是一切美中最美的事物。最终,

当然，我想没有什么会是'坏'的朋友吧。"

[e5]"的确。"

"但是，我们刚刚还说，相似者不是其所相似者的朋友啊，我们不是这么说了吗？"

"是。"

"因此，既不好也不坏就不会是其自身所相似的东西的朋友。"

"看来不是。"

"既不好也不坏的东西，唯独对于好的东西，[217a]才能成为朋友。"

"必然如此，看来像是这样。"

"很好，男孩们，"我说，"刚才所说的话把我们引向了正确的方向吗？¹ 倘若我们至少设想一下，

这个人通过孕育美好的言辞直至通晓美的知识。第俄提玛提到，正派的男童恋是美的阶梯的起点，通过美的阶梯最终找到美的知识，这种美是恒在的，不生不灭、不增不减。她告诫苏格拉底，这样的人生才值得过。

1 苏格拉底似乎借机引导这些男孩认识到，自己在智慧和道德上存在双重欠缺：如果自称既美且好的人，必

[a5] 健康的身体既不需要医术也不要帮助的情况。因为身体拥有健康,所以没有人会出于健康的原因,而在健康时成为医生的朋友,不是吗?"

"没人。"

"反之,生病的人[成为医生的朋友],我想,是出于疾病的原因。"[1]

然不会是美和好的友爱者;一个宣称欲求美和好的人,必然是不好不坏的人。换言之,只有清楚认识到自己灵魂的属性和位置,才有可能循智慧的阶梯往上攀升。然而,就城邦而言,完全意义上的好人和坏人总是极少数,大多数人处于不好不坏的居间状态。对于大多数灵魂而言,如何才能引导他们趋向美和好呢?或者说,不好不坏的灵魂趋向美和好的动力因是什么?这是苏格拉底接下来要追问的:不好不坏与好成为朋友,是因为坏的出现吗?

1 苏格拉底首先举了医生和病人的例子(这是柏拉图笔下的苏格拉底惯用的例子,往往对应立法者与民众、哲人与沾染恶习的灵魂),并请这些男孩们考虑:病人亲近医生是因为疾病的缘故,换言之,身体就肉体本身而言无所谓好坏,但因为出现了疾病,身体要去亲近

"他怎么会不这样呢?"

[217b]"那么,一方面疾病是坏,而另一方面医术则有益和好。"

"是的。"

"那么,至少就身体本身而言,身体在某种程度上是既不好也不坏。"

"是这样的。"

"但是,由于疾病,身体现在被迫去迎合和友爱医术。"

"我认为是这样。"

"那么,既不坏[b5]也不好与好成为朋友,是由于坏的出现。"

"好像是。"

"但是,很明显,这一定是它尚未因坏的作用变坏之前,因为,一旦它变坏[217c],它[不再]对

医术。苏格拉底由此推出:不好不坏与善交友,是因为出现了恶。这个结论似乎很难让人接受,因为,如果恶是人们爱善的动力因,等于恶的存在是善值得爱的必要条件。

好有一丝渴望,或成为好的朋友。因为我们说过,坏不可能是好的朋友。"[1]

"不可能是这样啊。"

"你们现在仔细审视我的话,"[2] 我说,"因为一些东西就是这种,它就是自身。另一些东西则不是[这种]。就好像,如果[c5]有人想用一种颜色去涂抹任何[东西的]表面,用来涂抹的颜色,就显现在被染

---

1 苏格拉底进一步引导听众去探问一个更深的问题:灵魂亲近"好"与"坏"出现的程度相关;不好不坏去亲近"好"是因为"坏"的出现,但一旦无法摆脱"坏"的习性,不好不坏就会成为"坏"的一部分,这种居间状态的灵魂就会完全倒向"坏",不再有可能亲近"好",这些居间的大多数将如何应对人世中"坏"的逼近呢?

2 苏格拉底再次邀请吕西斯和默涅克塞诺斯思考刚才关于灵魂沾染恶习的话。在场的人除了希珀塔勒斯、克忒西珀斯这类成年男子,也有一些与吕西斯、默涅克塞诺斯年纪相当的少年。然而,苏格拉底仅仅要求吕西斯这对好朋友想一想他说的话,这很可能与他接下来的说法有关。

的东西上。"[1]

"完全如此。"

"好,那么这种被染的东西此时与其所附着的颜色是属于同一种颜色吗?"[2]

[217d]"我不明白。"他[默涅克塞诺斯]说。

"要不然这样,"我说,"倘若有人涂抹你的头发——它原本是金色的——用白铅,那时[头发]是变白,还是显得白?"[3]

1　苏格拉底曾经用羊毛染色来比喻对灵魂的教育,在那里他曾经向格劳孔解释,如何使战士秉持凭靠法律建立起来的信念。他举了羊毛染色的例子,首先要从众多羊毛中挑选出质地最白的羊毛,精心整理后才染色,这样染过色的羊毛才会牢靠,无论遇上什么也不会褪色。(《王制》430a)

2　苏格拉底马上面临两个棘手的难题:一、灵魂外部的染色与内在自然色如何达成统一?二、如何确保附着在灵魂外部的颜色永不褪色?

3　在羊毛染色喻中,白色指向天性优良的心性,指向"好"。然而,天性良好的青年能否成长为灵魂高贵的人,依赖于教育者是谁。柏拉图在《王制》与《吕西斯》中均呈

"会显得白。"他说。

"那么,白色就真的从它自身显现啦!"[1]

"是的。"

现了灵魂染色的完整过程:首先,从各色"羊毛中挑拣出天然洁白";其次,对挑选出来的羊毛进行全面处理,以便易于上色;最后则对那些色质并不天然洁白的进行染色加工,使之变成白色,然后再重复头两道工序,最终完成灵魂染色。经过三道工序,城邦中的灵魂就会依照哲人的设计,按其天性的类别所属,各归其位,各司其职,最终在言辞的城邦内部形成有序与和谐,如此理想状态接近哲人的最佳城邦。

1 苏格拉底在这段问话中,通过反复强调"显现"与"是"这两个动词,突显了灵魂染色后导致的外在与内在的巨大差异。不过,年青的默涅克塞诺斯没能洞穿这两个动词之间的差异,对于苏格拉底的追问再次给出了肯定的答复,显示了起初自视甚高的少年尚不具备反思的能力。苏格拉底提醒默涅克塞诺斯注意头发在染色前后的色差对比,实际在帮助少年人回忆起灵魂染色之前的颜色,回忆灵魂本来的面相。

"然而,那会儿的头发仍然[d5]不会比染色之前更白哦,也许此时显现白色,但是你的头发压根儿不是白的或者黑的。"[1]

"真的。"

"然而,我的朋友,当老年为它送来同一种颜色时,那时候它就会变得与自身显现的颜色一样,[2]白

---

1 苏格拉底刚才提问的细微变化:他在头发的天然色上悄然加入了第三种颜色:黑色,人的头发有三种基本色:白色、金色、黑色,其中白与黑形成了强烈的对比色。三种本质色马上让我们想到《王制》中,苏格拉底区分的三种类型的灵魂。这提示我们,苏格拉底的白发之喻很可能在讨论如何看待灵魂类型的问题。他首先引导两个男孩考虑灵魂表相和本质的关系:头发被人染成白色之后,表面的白与内在的黑色依然存在质地上的差异,掩盖在黑色(本质)之上的白色(表相)并没有真正合二为一。

2 灵魂染色与其本质相一致,有如岁月对人的改变,到暮年时,霜染白发,表面与内在达成一致。换言之,对灵魂施行的教育犹如给灵魂染色,表面上似乎已然合乎教育者的目的:灵魂已被塑造成教育者设想的样子。但灵魂

色［217e］因［头发］变白而显现。"

"对啊，怎么不是？"

"那么，这就是我现在要问你的：是否无论什么在某物上显现，此物所拥有的将会是物所显现的这种东西吗？或者说，如果某物以一种特定的方式显现，它将会成为显现的物质，抑或不是？"

"肯定是后者。"他说。

"那么，既不坏也不好有时候［e5］只是显得坏，却还不是坏；而有些时候，这一种东西已然生成，它是［坏］。"

"是的，肯定会。"

"那么，只要它还不是坏，尽管某种坏已经显现，［这种］显现使它爱欲好。但是［坏的］显现已使之变坏，就会令其丧失对好的爱欲以及与好的

只不过是披上一件假象的外衣，外衣下面依然是灵魂本身的颜色。所以，苏格拉底提出，染色之后的头发并不比此前更白，换言之，这种表面的教育并没有真正改变灵魂的本色，是虚假的教育，其结果并不比受到教育之前的更好。

友爱。因为，它不再是 [218a] 既不坏也不好，而是坏。然而，好不是坏的朋友。"[1]

"确实不会。"

"正是由于这些东西，那么，我们也可以说：那些已是智慧的，不管诸神也好，世人也罢，皆不会再热爱智慧；那些 [a5] 无知到如此地步，以至于变坏的人也不会热爱智慧，因为（我们会说），没有一

1　正如吕西斯和默涅克塞诺斯是苏格拉底精心挑选的两个质地洁白的灵魂，此前的谈话可以看作苏格拉底对他们灵魂的归类和整理。从这里开始，苏格拉底着手对这两个天性良好的孩子染色，他向男孩们揭示的两种不同的教育方式：表面教育和本质教育。对于大多数处于居间状态（不好不坏，非善非恶）的人而言，对灵魂施行教育是一种从根本上改变灵魂的教育。

但是，并非每一个居间状态的人都有可能接受这种教育。苏格拉底从这些大多数人中挑选出天性最好的灵魂，趁他们尚处于人生之初，灵魂尚未沾染过多的恶，尚保持本相，及时对这样的灵魂进行合乎天性的教育，引导他们走向热爱智慧的道路。

个坏且愚蠢的人热爱智慧。

"那么,还剩下一种人——身上带有无知的坏,却还不至于无自知之明,或 [218b] 愚蠢,但他们仍然相信,自己在许多不知道的事情上无知。因此,那些既不好也不坏的人热爱智慧。[1] 而正如坏人不热

---

1 苏格拉底得出的结论是:充满智慧的神族或人族都不会热爱智慧;无知及恶的人也不会热爱智慧,只有那些居于中间状态,懂得自身欠缺,多少敏于德的人才是爱智者。苏格拉底的这个结论与他在 216d3 自称"先知"要说的话结合起来,便是《会饮》中第俄提玛描述的爱欲奥秘之所在。

不过,这次充当先知的是苏格拉底,表面上,他没有明确提到爱欲奥秘中的灵魂生育法,实际上,这次谈话就是苏格拉底的一次灵魂生育行动:苏格拉底的言辞和行动结合起来,就是女先知第俄提玛讲述的爱欲奥秘。在《美诺》中,苏格拉底帮助美诺辨识了颜色与形状,意见与知识的差异,从而回到德性与知识的关系问题上(74b–75c)。正如美诺无法理解意见与知识的差别,无法辨识颜色与形状的界限一样,吕西斯与

爱智慧，好人也不热爱智慧。我们此前所说的就变得很清楚了，对立者不会与 [b5] 所对立者为友，相似者也不会与所相似者为友。难道你们俩没有回忆起来？"

"当然记得。"他们 [两个] 都异口同声说道。

"现在，既然这样，"我说，"吕西斯和默涅克塞诺斯啊，我们已经相当全面地发现了朋友是什么和不是什么。对此我们承认，不仅关于灵魂而且关于 [218c] 身体，或者别的什么东西，既不坏也不好，由于坏的显现，成为好的友伴。"[1]

他们两个 [都] 完全同意，认为朋友就是这样的。

我自己更为欣喜，有如某个猎人 [为自己] 捕获了心属的猎物 [而欣喜]。但是随后，我不知道 [c5] 从何而来的一股不同寻常的疑窦从心里冒出来：

默涅克塞诺斯这两个涉世未深的少年同样很难洞穿灵魂的外表与内在的差异：透过灵魂的"外在"辨识它的"所是"。

1 这场关于什么是朋友的谈话似乎可以告一段落了，苏格拉底和男孩们都一致同意，他们找到了答案。

我们所同意的并不正确,我直接恼怒地说:"哎呀!吕西斯和默涅克塞诺斯,看来我们拥有的只是一个梦影。"[1]

求善之目的与善自身的可欲性

[218d]"到底怎么啦?"默涅克塞诺斯说。[2]

---

1 当众人还没来得及为胜利欢呼,苏格拉底通过内心独白告诉读者,他自己对这个结论并不全然相信,论证还不完善,这样的结果并不是他想要的。显然,柏拉图通过这种方式向我们展现了一个爱智者苏格拉底,他总处于欲求智慧的行动中,永远感到欠缺和不足。柏拉图无意将自己伟大的老师描述成一个通观的智者或者全能的教师——他总是坦然面对求知过程的失败,对成功总是抱有疑虑,但他是智慧的真正友爱者,是那些灵魂处于居间状态的大多数人中最好的典范,跟随苏格拉底并非一定达致真正的智慧,但一定是走在欲求智慧的路上。

2 默涅克塞诺斯显然不能理解,何以眼看到手的胜利会化为梦影,这一次又是他首先向苏格拉底发问。我们看到,自第三场谈话之后,默涅克塞诺斯一直非常积极,总

"我担心,"我说,"我们遇到了一些关于谁是朋友的虚假论证——就像是冒名顶替的人一样[虚假]。"[1]

[d5]"怎么会这样?"他说。

"让我们这样来考虑,"我说,"说一个人即将成为朋友,是指他是某人的友爱者呢,抑或不是某人的[友爱者]?"

"必然是啊。"他说。

"那么,成为朋友究竟并非为了什么东西且毫无原因呢,还是为了什么东西并且有原因?"

"为了什么东西且有原因。"

"现在,友爱者为了某种东西去友爱[d10]他的朋友,那么,[这种东西]到底是朋友,抑或既不是朋友也不是敌人?"

是由他主动向苏格拉底发问。如希珀塔勒斯开场介绍的那样,吕西斯似乎十分善于倾听。

1 苏格拉底向男孩们解释,他担心此前的论证只是陷入对朋友这个词形式的辨析,他们找到的只是一个被称为朋友的名词,没有抓住朋友的实质。

[218e]"我完全跟不上。"他说。[1]

"这很自然,"我说,"不过,用这样的方式,也许你会跟上,而且,我认为我甚至会更明白自己要说的话。[2]正如我们刚才所说,病人是医生的朋友,是吧?"[3]

"是的。"

"那么,病人是因为生病,为了得到健康的缘

---

1 默涅克塞诺斯首次承认自己无知。我们记得,全篇对话中只有希珀塔勒斯与吕西斯脸红,此前我们分析过脸红与自感无知之间的联系,因此,到目前为止,除了默涅克塞诺斯的老师克忒西珀斯从来没有宣称(或显示)自己无知,这三个人已经具体知道爱智者的基本条件:认识到自己的无知,知道自己的欠然。

2 对于默涅克塞诺斯的坦白,苏格拉底答应他换一种发问方式,以便默涅克塞诺斯能跟得上论证的节奏。同时,苏格拉底也回报以朋友间的坦诚:苏格拉底自己同样没有明白自己要说的话。这些话在解嘲的同时,似乎也在安慰众人。

3 苏格拉底再次回到病人和医生的例子,接下来论证不好不坏对恶、善的友爱。

故,才成为[e5]医生的朋友吗?"[1]

"是啊。"

"疾病是一种坏吧?"

"怎么不是。"

"那么健康呢?"我说,"健康是好还是坏,或者两者都不是呢?"

"一种好。"[219a]他说。

"我们刚才说过,身体既不好也不坏,看起来因为疾病的缘故,也就是说由于坏的一面,身体是医术的朋友,而医术是好;[2]为了给予健康的缘故,医术接受了友爱,并且健康是好。[a5]是这样吧?"

"是的。"

"那么,健康是朋友呢,还是不是朋友呢?"[3]

---

1 苏格拉底论证的第一步:为了健康,病人成为医生的友爱者。

2 苏格拉底论证的第二步:疾病是恶,由于恶的出现,身体(不好不坏)成为医术的友爱者,因而医术是善。

3 苏格拉底论证的第三步:健康是好,医术由于健

"是朋友。"

"那么,疾病是一个敌人吗?"

"肯定是。"

"所以,由于坏的和某种敌人的原因,同时也为了好和朋友的目的,[219b]既不坏也不好的东西成为好的朋友。"[1]

"似乎如此。"

"因为朋友的缘故,朋友才成为朋友的朋友,也是因为朋友的敌人存在。"[2]

"似乎如此。"

康成为身体友爱的对象。于是苏格拉底推翻前面的结论:由于坏的出现,不好不坏成为好的朋友。

1 苏格拉底论证第四步:健康是朋友,疾病是敌人,由于恶和敌人的存在,不好不坏的事物为了善和朋友的缘故,成为善的友爱者。

2 由于敌人的存在,友爱者为了被友爱者的缘故而成为朋友的友爱者。经过这一系列冗长的论证,苏格拉底提出的问题是:为了某种善的中介物,欲求善的不好不坏还能算作善的友爱者(这与恶是动因的结论相悖)。

[b5]"那么,"我说,"既然我们已经讨论到这里,男孩儿们,让我们留点神,免得我们被骗。[1] 朋友成为朋友的友爱者,相似者是所相似者的友爱者——我们先前都认为,这不可能。我允许先放过这个[看法]。不过,虽然这么说,为了避免我们现在的讨论欺骗[219c]我们,让我们考虑以下问题:我们说,医术为了健康的目的成为[身体]的朋友。"

"是的。"

"这么说,健康也是朋友?"

"肯定是。"

"这么说,凡成为朋友的皆是为了某种东西的缘故。"

"是的。"

"如果依照我们先前的结论,这某种东西是一个友爱者。"

"肯定是。"

---

1 苏格拉底不无同情地提醒吕西斯等人,不要再次被骗,陷入关于友爱的名词之争。

"因此,如果为了朋友的缘故而成为朋友的也是[c5]友爱者吧?"[1]

"是啊。"

"那么,我们是不是有必要停止这样追寻下去呢?否则我们就会进入到[友爱的]某种原初的东西。这[原初的东西]将不会再把我们引向另一类

---

[1] 这是苏格拉底第一次与默涅克塞诺斯谈话时提出的问题:友爱者与被友爱者——谁是朋友?这个问题也和希珀塔勒斯指派给苏格拉底的任务联系起来。默涅克塞诺斯、希珀塔勒斯两人都与吕西斯有关——前者是被友爱者,后者是友爱者,苏格拉底的问题把这两个人巧妙地联系起来。

以希珀塔勒斯为例——他的爱欲是出于吕西斯本人的俊美且好呢,还是借助吕西斯这个中介,希珀塔勒斯期冀获得胜利的荣誉?如果是后者,希珀塔勒斯是否还能算吕西斯的友爱者?苏格拉底假设,为了"朋友的缘故友爱另一些东西的也是友爱者",就此而言,希珀塔勒斯当然是吕西斯的友爱者。这时的假设依然矛盾重重,似乎又会把我们重新带回曾经论证失败的结论上去。

友爱者,而是将会达至[219d]第一朋友(prōton philon),我们把其他所有为了第一朋友的缘故[而成为朋友]的东西,统统都称为友爱者。"

"有必要。"

"那么,这恰好是我要说的,我怀疑,那些为了第一朋友而被我们称为友爱者的其他全部东西正在欺骗我们,它们就好似[第一朋友]自身的某种幻影。[1] 并且我还怀疑恰恰这个我们说的最初的东西才

---

1 苏格拉底第一次提出了真正友者与第一友者幻影之间关系的问题,这是苏格拉底非常著名的相论。在这里,他要求年轻的同伴们从纷繁杂乱的友者影子中识别出最本质的友者实存,这意味着,他要带领年轻人走出洞穴,注目真理的本相,去见识最美好的东西。

曼提尼亚的异乡女先知曾经这样引领过苏格拉底:只有瞥见美本身,人的生命才值得过。只有走出城邦生活的洞穴,抬头注目美本身,个体才会触及真实而非梦影,这个人才会孕育出真实的美德而非美德的幻影。唯有如此,这样的人才会受到神的恩宠,从有死的生命中挣脱出来(《会饮》211d2–212a)。

是 [d5] 真正的友爱者。

"现在让我们以这种方式设想下去。无论何时某人非常重视什么东西——比如说,有时候某个父亲把儿子看得高于他的一切财产——这样一个 [219e] 为了关心儿子缘故的人,会同样看重与其子相关的其他所有东西吗?比如说,如果他知道儿子饮了毒芹汁,要是他认为酒可以救自己的儿子,他会不会更看重酒呢?"[1]

---

1 把同伴们带出洞穴之后,苏格拉底首先举了最为生活化,同时政治隐喻最浓的父子关系为例。

苏格拉底似乎是想问:君主如果爱子民甚过一切财产,那么,他当然不会更珍爱解毒的酒或器皿,而是珍爱动用一切手段来挽救的子民。值得一提的是,柏拉图的先师苏格拉底正是被雅典城邦判处死刑后饮毒芹汁死的,柏拉图设计的这一问题显得意味深长。

亚里士多德在《尼各马可伦理学》里反驳了柏拉图,他认为,这里之所以会出现理解上的混乱,在于善意与友爱是两种相似的概念:人对于无生命的东西或者对有生命的生物的爱,是出于一种善意,这种情感与友爱不同。亚里

"当然[会]啊。"他说。

"也会看重盛[e5]酒的器皿吗?"[1]

"是的,非常看重。"[2]

"那么,在这种情况下,这位父亲更看重哪一个

士多德认为,前者是表面的,突发性的,但善意是友爱的始点。

这种善意一旦产生,共同的道德就会形成友爱。基于有用和快乐的友爱中不可能有善意,善意产生于德性和公正。当一个人表现出高贵、勇敢时,我们就会产生善意(或者说好感)。亚里士多德举例说,观众观看比赛时,因希望某个勇者获胜而突发的共鸣和短暂的感情,就是善意(《尼各马可伦理学》1166b30–1167a20)。

1 亚里士多德在《尼各马可伦理学》中从友爱的相互性含义上反驳了苏格拉底的观点,亚氏认为无生命的东西不存在爱的回报,因为不可能是友爱的对象(1155b27–31)。随后,亚里士多德还区分了好意与友爱,同样强调朋友之间的相互性(《尼各马可伦理学》1156a3–5)。

2 对于苏格拉底的问题,默涅克塞诺斯再次抢先给出肯定回答。

呢？陶制的酒杯还是自己的儿子，是三小杯酒还是自己的儿子？[1] 或者情形有些像这样：他全部热忱没有直接放在为了某物所提供的那些东西上，而是放在了所有 [220a] 这类东西为之服务的某物上。

"我不否认，我们经常说我们看重金银，但是我怀疑事实并非如此。相反，我们视这个目的无所不在，无论它显现为什么，获取 [a5] 黄金以及所有的其他斩获都是为了这个目的。我们可以这样说吗？"

---

[1] 苏格拉底对默涅克塞诺斯穷追不舍，他继续推进问题：父亲在酒与儿子之间，更重视哪个，或者说，父亲的全部心思是否放在了所有手段为之服务的对象——儿子身上。这个问题看似寻常，其实隐含着古典政治哲学的大问题：在王政的城邦中，君王与民众之间的关系经常被比作父子。

亚里士多德在《尼各马可伦理学》中谈到三种政体时指出，父子关系类似于君主制的形式。父亲对儿子的爱更甚于儿子回报的爱，因为后者是从前者身体上分离出去的另一个自己，父亲在儿子身上往往看到自己的影子，但儿子却很少注意到父亲与自己在身体上的亲密性。

第五场　谁是美和善的朋友

"完全可以。"

"那么,关于朋友也能用同一套说法吗?显然,凡是因为我们为了某个其他 [220b] 朋友的缘故成为我们朋友的,我们称它们为名义上的'朋友'。毕竟,真正的朋友恐怕就是所有这些所谓的'朋友'最终指向的那个东西本身。"

"恐怕是这样。"他说。

"那么,真正的朋友不会为了某些 [b5] 朋友而成为友爱者吗?"[1]

"的确。"

"那么,我们就放弃了这种说法:朋友为了某些朋友成为友爱者;不过,'好'是一个友爱者吗?"

"我认为是的。"

"那么,因为'坏的'才会友爱'好的',[220c]

---

[1] 到目前为止,苏格拉底似乎要给真正的友爱者下最终的定义:真正的友爱者胜过一切财富,它是友爱最终指向的东西,真正的友爱者并不是为了某些好处而成为友爱者。

情况会是［如下］这样的吗？我们刚刚讨论过的三类东西——'好的''坏的'和'不好不坏的'，如果留下其中'好的'和'不好不坏的'，除去'坏的'并且使得'坏的'再不能伤害身体、灵魂，或是我们所说的［c5］其他任何自身对自身而言'既不坏也不好的'的东西，到那时候，难道'好的'就对我们无用并且会变得毫无所用吗？

"毕竟，要是不再有什么东西能够伤害我们，我们根本就不需要［220d］任何帮助，这样的话，就会愈加显明我们以前是由于'坏的'才会喜欢和友爱'好的'，正如'好的'是能治疗'坏的'的一剂药，而'坏的'则是一种病。假若没有病，也就不需要药。对于'好的'而言，难道它生成就是如此吗？之所以被我们这些介于'坏'与'好'之间的人［d5］友爱就是因为'坏'的缘故吗？'好的'就自身而言毫无用处吗？"[1]

---

[1] 苏格拉底马上提出了一个同伴们此前忽略了的问题：他们只讨论过"好""不好不坏"，但是，对于"坏"却不

"看来,"他说,"是这样。"[1]

"因此,对我们来说,这个朋友,作为其他所有东西最终友爱 [220e] 的'第一朋友'——因为我们曾经说过,这些东西为了'第一朋友'的缘故都成了'友爱者'——与这些友爱者毫无相似之处。[2] 尽管他们为了'第一朋友'的缘故才被人称为友爱者,

---

置一词。苏格拉底询问同伴们:倘若没有出现"坏","好"是不是对我们毫无用处?"好"自身对于德性居中的大多数而言,究竟起不起作用?

1 默涅克塞诺斯的回答有些犹豫,但他还是承认,"好"自身似乎毫无用处。

2 "第一朋友"的最终目的就是善本身,是某种欲望与需求的终极目标,只要我们能够实现它并且吸收它,它将从根本上改变我们以及我们的生活。苏格拉底之所以与众不同,就在于他很清楚,或者说至少比其他人更为清楚,应当如何实现它,并且更接近于这个目标。从各种关于苏格拉底生平的故事来看,他保有了人的整全,而且他懂得,从超越纯粹的人的意义上来说,智慧和好对于我们如此重要。

然而，友爱者的真正所是却与之截然相反。其所是表明，真正的友爱者为了某个敌人而与我们成为朋友，如果敌人 [e5] 除去了，友爱者似乎就不再是我们的朋友。"[1]

"至少，就眼下所说而言，"他说，"我认为不再是。"[2]

1　苏格拉底从默涅克塞诺斯的回答中推出：如果"好"必须依赖于"坏"的出现才值得我们追求，那么，以下推论就不能够成立——甲因为某种介质的缘故而成为乙的友爱者。因为，一旦作为介质的原因消失后，甲不再成为乙的友爱者。苏格拉底在这里引入了敌友观念——倘若敌人的出现是友爱者与我们结盟的动力因，一旦敌人被消灭之后，友爱者就会离我们而去，友爱联盟就会解体。以此类推，如果"坏"作为动力因消失后，我们就不再追求"好"，成为"好"的友爱者，因为在"坏"消失之前，"好"对我们毫无价值可言。

2　苏格拉底推出的这个结论看来出乎默涅克塞诺斯的意料，他第一次正面反驳苏格拉底的结论，并且补充说，从目前的论证中，他自己并没有看到，恶消失之后人们就

友爱与欠缺

"可是,"我说,"凭宙斯,如果'坏的'消灭了,[1] 难道世上就再无饥饿,再无 [221a] 干渴,再也不会有任何这类东西吗?不然,假若还有世人和其他造物 [存在],就仍有饥饿,但它没有危害?干渴和其他欲望亦然,但它们不会是坏的,因为'坏的'已经消灭?或者这是个荒唐的问题——[a5] 它 [欲望] 一会儿会是 [坏的],一会儿又不会是 [坏的] 吗?有谁知道呢?不过,我们至少确实知道,即便

不再追求善。默涅克塞诺斯的回答在某种程度上符合苏格拉底问题的设计方向,现在他巧妙地把两个男孩的关注点转移到善本身是否可欲的问题上来。

1 苏格拉底开始把同伴的注意力转向欲望与善的关系。不过,他提出,尽管恶可能会消失,但是人类的各种欲望不会随着恶的消失而消失;相反,因为欲望的存在,恶并不会真正消失。

现在饥饿仍有可能对人有害,也可能对人有益,不是这样吗?"[1]

"肯定如此。"

"那么,对于干渴的人以及[221b]对其他全部有这类欲望的人来说,这种情况有可能出现吗?有

---

[1] 饥饿、干渴、性欲等欲望属于人的自然欲求,皆与身体相关,是有死一族最基本的身体感觉。即便有朝一日,灵魂中的恶受到各种传统道德、城邦律法和宗教训诫的规约和净化以至消失,这些基本的自然欲求仍然存在。一旦得不到解决,必然会催生新的恶。在获取果腹的粮食、取暖的冬衣方面,一个饥寒交迫的人有着自然的正当性,但是进入社会之后,为自身生存而不惜损害他人生存权的人当然属于恶。

苏格拉底追问的正是:即便恶消失了,如何解决人类因自然欲求引发的问题。自然欲求就自身而言,无所谓好坏,比如饥饿既对人有害,也可能有益(古希腊人相信饥饿是一种治病手段)。但是欲求的对象则有好坏之分(221b1–3)。苏格拉底追问的是,如果坏的事物消失之后,坏的欲望是否也会随之消失?

时候欲望有益,有时候则会有害,而有时候两者都不是。"

"恰如其分。"

"那么,如果坏的东西消灭了,那么,它会促使那些碰巧不坏的东西与坏[b5]的东西一起消亡吗?"

"根本不会。"

"那样的话,无论什么既不好也不坏的欲望还是会存在,即使坏的东西消灭了。"

"显然如此。"[1]

---

[1] 默涅克塞诺斯刚才反驳苏格拉底,坏的欲望根本不会随着"坏"的消失而消失。苏格拉底随即反问,不好不坏的欲望即使在坏的事物消失之后依然存在吗?默涅克塞诺斯同意这个说法。即使温饱解决之后,人类依然存在对食物的欲求,这类自然欲望会一直与人并存。不过,必须避免把需求和自足简单地理解成初级的、外在的方式,比如说对食物和衣服的需求。柏拉图并没有考虑动物的生存问题,而是在思考人类能够忍受具体事物的缺失或匮乏的内在条件。

"好,一个怀有欲求和爱欲的人,却有可能不会[像个友爱者那样]友爱他所欲求和欲爱的东西吗?"

"我可不这么看。"[1]

"如果那样的话,即使[221c]坏的[东西]消灭,看来某些友爱者仍会存在。"[2]

"是啊。"

"不是吗,如果'坏的'真的是某种成为友爱者的原因,'坏的'消灭了,就没有什么会是另一个的

---

1 苏格拉底的问题又回到了开场的第一个问题:充满爱欲的人却不知道如何成为爱人的友伴。默涅克塞诺斯并没有听过希珀塔勒斯与苏格拉底在摔跤场之外的谈话,因此,他不知道苏格拉底的问题其实指向希珀塔勒斯。他认为不可能出现这种情况,显然是从自己的经验出发——他与吕西斯是众人称羡的好友。然而,除他之外,在场的人都知道他是被苏格拉底和吕西斯的密谈排除在外的人,他与吕西斯的友爱经验并不真实。

2 苏格拉底继续紧追不舍:如果默涅克塞诺斯不同意存在充满爱欲却又不能成为欲爱之物的友爱者,只能是坏的消失,但友爱者依然存在。

友爱者。毕竟,若原因被消灭,由这个原因导致的东西就不可能还 [c5] 存在。"[1]

"你说得直白。"

"现在我们是不是已经同意,由于某个东西,友爱者才会友爱某个东西?我们之前不是设想,由于'坏的','既不好也不坏的'才会友爱'好的'吗?"

"真实。"

[221d] "但现在呢,似乎另一个友爱与被友爱的原因正在显现。"

"看来如此。"

"那么,老实说,正如我们刚才所讲的,事实上欲望才是友爱的原因;欲望在欲求的时候,欲求者是它欲求东西的友爱者,不是吗?至于 [d5] 我们先前所说的关于友爱者的话是一些废话,就像一首臭长的诗?"[2]

---

1 苏格拉底顺理成章地推出友爱者的第二动力因:欲望是友爱的动力因。

2 在开场部分,克忒西珀斯曾嘲笑希珀塔勒斯写给吕

"恐怕是这样!"他说。

"当然,"我说,"欲望都是要欲求它所[221e]欠缺的东西,不是吗?"[1]

西斯的颂诗如同老妇的啰嗦一样冗长(205d3)。苏格拉底在引入欲望是友爱的动力因时,再次提到这个话梗,无疑在暗示,希珀塔勒斯对吕西斯的情欲误导了他对真正友爱的认识。尽管他勇于为爱献身,甚至不惜被人嘲笑,显得像一位真正的友爱者,但是他无法认清遑论理解欲爱之人的灵魂品质,他的友爱盲目而鲁莽。

1 苏格拉底指出,有欲望存在的地方就存在友爱,而欲望和友爱真正的起因则是缺乏。欲望是指那些能够满足个人缺陷的,一个人只会欠缺与他相合之物,换言之,就是欠缺那些属己之物。欲望,柏拉图在《会饮》中多次提到,欲望源于匮乏。那些因自身缺陷而欲求的有死一族,位于善与恶之间。因此缺乏并不等于恶;仅仅是因为人类心灵生而不完满并且有待完满。欲望、爱慕和友爱都是趋向完满的动力。各种情事把这一点揭示得淋漓尽致,然而所有程度的情感都是真实的,属于友爱所包括的范围内。

"是啊。"

"这样的话,欠缺者就是它所欠缺的东西的友爱者吗?"

"我的看法是这样。"

"那么,无论它被剥夺了什么,它就变成了欠缺者。"[1]

"当然。"

"那么,这就表明,爱欲、友爱和欲望似乎是相属的,[e5]默涅克塞诺斯和吕西斯啊。"

---

1 在前一个结论获得一致同意后,苏格拉底继续往前推进:欲望所欲求的皆是自身所欠缺之物,从而,欠缺者是所缺之物的友爱者。对于一个人而言,从他自身取走任何东西,他就会成为一个欠缺者。于是,苏格拉底指出,属于我们自身的东西正是我们所爱欲着、友爱着和欲望着的对象。自身欠缺而不完满的人抓住的只是友爱的幻象;自足而完满的人欣赏并且享受朋友,却会为了真正的友爱保存自己,与熟人区分开来,正所谓:君子和而不同,群而不党。

他俩皆同意。¹

"这样的话,如果你们俩彼此是朋友,在某些方面就自然而然一个属于另一个。"²

"正是如此!"他们异口同声说。³

1　自默涅克塞诺斯重返谈话现场之后,吕西斯和默涅克塞诺斯首次达成一致看法。此前,吕西斯与默涅克塞诺斯有三次意见一致的表态,但这种共同性在默涅克塞诺斯离场之后即中断。柏拉图在这里似乎暗示,吕西斯与默涅克塞诺斯的友爱又再次接续,但在本质上发生了改变。似乎默涅克塞诺斯终于赶上了吕西斯的步伐,再次拥有朋友之间的某种共同性。

2　苏格拉底问这两个男孩,但用的却是虚拟语气(似乎苏格拉底比这两个男孩都要了解他们之间的友爱的品质)——倘若他们是朋友的话,那么,按照他们此前的推论,他们之间的友爱者肯定会属于另一个人吗?这两个孩子再次异口同声地(ephratēn)肯定回答,显得相当自信,不容置疑。

3　这里是第二次出现 ephratēn [异口同声] 这个词,第一次出现在 207c4,当时苏格拉底问,他们俩是不是朋

"那么,"我说,"要是任何人渴望或爱欲另一个,[222a]男孩儿们啊,或者疯狂地爱欲他,在某种程度上,除非这个人在灵魂或者灵魂的某种特质、方式或样子方面刚巧与被爱欲者相属,否则他不可能渴望、爱欲或友爱。"[1]

"肯定如此。"默涅克塞诺斯说,但吕西斯并不吭声。[2]

友。显然,他们两人对于彼此之间的友情毫不怀疑,然而,他们中有人落入了苏格拉底的圈套。

1 苏格拉底的意思是,如果甲疯狂地爱上乙,说明甲的灵魂或灵魂的某个方面都属于乙,反之,则甲并没有爱恋或欲求乙。

2 对于苏格拉底的结论,刚才还连续两次站在同一立场的默涅克塞诺斯与吕西斯却表现各异:默涅克塞诺斯非常爽快地认可苏格拉底的结论,吕西斯却沉默不语。我们看到吕西斯开始认真反省他与默涅克塞诺斯之间的友爱是否称得上真正的友爱,是否指向真正的善。

吕西斯曾向苏格拉底抱怨默涅克塞诺斯爱争辩,所以他才密谋要与苏格拉底教训默涅克塞诺斯,正是基

> "很好，"[a5] 我说，"那些自然与我们相属的东西，我们显然应该去友爱[它们]。"[1]

于这个动机才开启随后一系列的谈话，可见苏格拉底与默涅克塞诺斯的谈话是基于一个恶的动因。倘若吕西斯与默涅克塞诺斯一致同意他们彼此是朋友的话，那么吕西斯批评默涅克塞诺斯的缺点岂不是等于吕西斯的自我评价？

倘若吕西斯不具备这一特质，就会推论出，吕西斯并非默涅克塞诺斯真正的友爱者。无论哪一种情况，他们并不是真正意义上的朋友，因为他们的友爱并不指向善。吕西斯终于坠入了苏格拉底设下的"陷阱"，成为苏格拉底的猎物，因为吕西斯开始认真反省自身，像苏格拉底那样学会认识自己。

1　苏格拉底在此提出了一个与相似性不同的概念：相属性（或称亲和性），这个词的字面意思是：住在一起的，具有所属关系的。相属性取代了之前被推翻的结论（即相似与相似（或同类与同类）之间不可能存在友爱。譬如甲的某部分（丙）属于乙，但甲不等同于乙。由于甲和乙共有丙，因此，甲乙之间能够产生友爱。

"看来如此，"他［默涅克塞诺斯］说。[1]

"那样的话，一位爱欲者如果真诚而不是故意装出来的，他一定会被他的男孩儿爱上。"[2]［222b］对此，吕西斯和默涅克塞诺斯相当勉强地颔首赞同，而希珀塔勒斯则对［这个结论］喜形于色。

这种情况类似于"不好不坏"因为自身拥有部分"好"而友爱"好"，"好"作为其友爱的对象，也因为"不好不坏"中的部分"好"属于自身的一部分，因而，"好"是"不好不坏"的朋友。

1　苏格拉底并没有放松他的追寻，他继续推进结论：是否有必要爱那些自然而然属于我们的东西？默涅克塞诺斯再次率先肯定苏格拉底的看法，看来他已经跟上来了，完全投入与苏格拉底爱智慧的行动之中，全然忘了自己好辩的天性特质。

2　经过一段漫长的论证，苏格拉底终于提出：如果一个爱欲者出自真诚，他的意中人就一定会以爱回馈。因为，我们必得爱那些自然属于我们的东西，真正的爱欲者，其灵魂必然属于我们自身，友爱即属己的爱，即某个人对自身的爱。

[附释] 经过前面的五场谈话,八场论证,苏格拉底似乎终于追捕到了朋友是什么的答案。然而这一结论出乎默涅克塞诺斯和吕西斯意料之外,令他们不知所措;希珀塔勒斯却大喜过望,因为苏格拉底的结论对他非常有利:吕西斯再也没有理由拒绝他的求爱。

苏格拉底无疑是这种友爱关系的典范,他发起对话是为了帮希珀塔勒斯学会如何追求吕西斯——其真实含义是帮助希珀塔勒斯认识他自己——并且在对话的进行过程中帮助两位少年澄清他们彼此以及他们与自身的关系。而且,他与吕西斯的谈话中也暗示了他们之间父子式的关系。

善变的苏格拉底并没有就此停下脚步。迄今为止,柏拉图则向我们展示了友爱的复杂与精微,正如 philos 一词的多重义项。虽然在实际生活中很少有人会混淆朋友的含义,但是却也罕有人去反省朋友的真正含义。鲁莽的希珀塔勒斯对友爱的错误理解开启了这篇对话,而两位少年吕西斯和默涅克塞诺斯又用另一种错误结束了这场对话。

尾声　苏格拉底的困惑

　　[题解]　眼看这场关于朋友是什么的谈话快到尾声了，苏格拉底似乎也顺利完成了要向希珀塔勒斯展示如何与意中人交谈的任务。然而，令人意外的一幕却发生了：心思缜密的苏格拉底提醒在场的男孩儿们，这次何谓朋友的探问之旅很可能毫无收获，于是他宣称需要像"法庭的聪明人"那样，重新彻查先前的全部论证。结果直到吕西斯被家奴带走时，苏格拉底他们也没有解开朋友是什么这一难题。

［由于］希望检审一下这个论证，于是我说："如果'相属'有别于'相似'，那么，[b5]我们所说的那些——在我看来，吕西斯和默涅克塞诺斯啊，关于什么是朋友的话［正确］。可是，如果碰巧遇到'相似'与'相属'其实是同一个，那就不容易抛弃先前的论证，也就是，由于它们的相似，'相似'对'相似'毫无用处。[1]只能承认，［此前］同意一个朋友毫无用处[222c]就是错误的。你们真的愿意吗？"

我说："当我们如同醉汉般对待这个论证时，我

---

1 针对重新引入的相属性（或亲和性）这一取代相似性的概念，苏格拉底提出第一个需要考虑的问题是：相属性与相似性真是两个不同的概念吗？苏格拉底的推论方式是：首先，如果相属性与相似性不同，那么朋友就是爱属己的；其次，如果相属性等同于相似性，由于相似者之间彼此毫无用处，它们之间不会产生友爱，因此相属者之间同样不会产生友爱。所以，如果要承认朋友就是爱属己的东西，必要条件是承认相属性不同于相似性。

们必须同意且宣称'相属'有别于'相似'这个说法吗?"

"肯定同意。"

"到底是哪一个呢?是'好的'属于每个人,而'坏的'[c5]不属于[每个人]而属于别的?还是,'坏的'属于坏人,'好的'属于好人,'既不好也不坏的'则属于不好不坏的人?"[1]

他们都说,他俩的意见是各[222d]与其类相属。[2]

"绕回去啦!那么,"我说,"男孩们!我们再次

1　苏格拉底让两位少年在两种观点中作出一个选择:是选择"好的属于每个人,坏的不属于每个人",抑或是"坏的属于坏人,好的属于好人,既不好也不坏属于不好不坏的人"?对此,吕西斯与默涅克塞诺斯选择了后者。

2　两个男孩再次达成一致,他们声称各有所属。我们记得,苏格拉底在开场时曾询问希珀塔勒斯:谁是他的心上人,希珀塔勒斯顾左右而言他,回答说各有所爱(204b2)。通过这种相似的说法,柏拉图很可能在暗示我们,这场论证会再次回到论证的起点。

掉进先前摈弃的那些关于友爱的讨论了。[1] 毕竟，与不义之人是不义之人的友爱者一样，坏人是坏人的[友爱者]，好人是好人的[友爱者]。[2]

1　引入相属的概念，导致了讨论再次回到"相似者是相似者的朋友"这一先前被抛弃的观点上，苏格拉底不得不提醒少年们，本场讨论被迫结束于无知之中。

2　苏格拉底的这一说法出现三处明显错误：一，关于相似者与相似者之间的讨论，出现在第二场谈话，第一场谈话的主题是，友爱者与被友爱者，哪个是朋友（211d5–213d5）；二、在第二场谈话中，苏格拉底的推论是，相似者与相似者不可能产生友爱，因为坏人不可能亲近坏人，坏人永远没有相似者（214a–e）；三、苏格拉底在第二场谈话并没有提出正义和不义的概念，正义问题出现在第三场关于对立事物之间的讨论中。

因此，苏格拉底一方面暗自推翻了他在第三场论证中的结论，另一方面又引入相属的概念来支持现在的论证。换言之，在相属之物间产生友爱的论证，推翻了他们此前关于相似物之间不能产生友爱的结论。苏格拉底利用否定之否定承认了这里的结论：友爱是爱属己的事物。但是，

[d5]"看来如此。"他说。

"这是怎么回事?如果我们宣称'好'与'相属'一样,是不是好人就只能是'好'的友爱者?"[1]

苏格拉底并没有讨论"不好不坏"亲近"好"的观点(216c3),这是他在全场谈话中唯一没有否定的论点。

1 对于苏格拉底暗含玄机的询问,默涅克塞诺斯表现得并不确定,但他还是勉强承认。因此,苏格拉底马上抓住了这个关键性的问题。在221e4,苏格拉底认为善与所属的东西并不是一回事,他指出那些属于我们的东西正是我们的激情、友爱和欲求的对象。换言之,与我们具有相属性的东西有善有恶,有好有坏,而非全然是善和好的。这与苏格拉底对人性的看法一致。

不过,苏格拉底在这里改变了说法,他似乎刻意把善与相属联系在一起——这是一个没有经过论证的结论,或者说,哲人无法通过论证来解释人身上何以天然拥有善。正如苏格拉底在222c4-6指出的:每个人身上都拥有善,但他没有说,每个人身上是否存在恶。换言之,人世间至恶和至善都占极少数,大多数人处于不好不坏的居间状态,有如处于善恶分岔路口的赫拉克勒斯。然而,苏格拉底无

"肯定如此。"

"可就连这个观点,我们已经驳倒我们自己,难道你俩不记得啦?"

"我俩记得。"

[222e]"那么,就这个论证我们还能做些什么?或者显然什么[结论]也没有?无论如何,像那些在法庭上的聪明人,我需要回头彻查我们刚才所讲的全部东西。[1]因为如果既不是那些'爱欲者',也

意充当大多数人的老师,他只引导他们中的少数人,促使他们在认识到自己的无知和欠缺之后,转向探寻智慧的道路,成为善的友爱者。

1 将苏格拉底自己列出的论证清单与对话实际讨论过的论题相比,除"爱欲者""被爱欲者""相似的""不相似的""好的""相属的"之外,苏格拉底其实还遗漏了两项:"不好不坏"和"坏"。

在第四轮关于友爱的讨论中,苏格拉底曾经承认,"不好不坏"就是"好"的友爱者,随后,他罕见地没有推翻这一结论,而是转而讨论"不好不坏"成为"好"的友爱者是由于"坏"的缘故抑或出于"好"自身的原因。因此,苏

不是那些'被爱欲者',不是那些'相似的',不是那些'不相似的',不是那些'好的',[e5]不是那些'相属的',也不是我们通盘考虑的全部东西——毕竟,我[自己]记不得那么多——[1]不管怎么说,

---

格拉底有意对"不好不坏"这种居间状态保持沉默,实际上间接承认并提醒读者留心这一疏漏。

1 对于遗漏掉的这两项重要论题,苏格拉底给出的理由是,他自己一个人无法记住全部论证。柏拉图似乎借此在暗示对话的读者,需要与苏格拉底一起重新仔细检视朋友是什么的结论。苏格拉底承认"不好不坏"是"好"的友爱者,而绝大多数的世人都是处于"不好不坏"的居间状态,在某种程度上(当自身的"坏"还没有占绝对地位时),这些居间的人都具有向"好"的本能。

由于"不好不坏"自身拥有两种属性,既属于"好",又属于"坏",正如人既可能向善,也可能趋恶;其次,由于"坏"不会亲近"坏",因此,"不好不坏"只能亲近"好";再次,友爱就是爱属己的事物,因此,"不好不坏"只有珍爱自己身上的"好",才可能成为"好"的友爱者。柏拉图迫使读者思考这个问题:有死的凡人会珍爱自己身上的

如果友爱者并不在所有这些东西之中,我真不知道该说些什么了。"[1]

[223a] 当我说这番话的时候,我已经有意要去激发那伙年长者中的某个人。[2] 不一会儿,像某类精灵一般,看护男孩们的家奴出现了,[3] 其中有默涅克

"好"吗?

[1] 在《吕西斯》的八场论证中,苏格拉底并没有明确向吕西斯和默涅克塞诺斯指出朋友是什么。他只是通过展示思考的方式,期待那些真正热爱智慧的年轻人自己去追捕他们的猎物。

[2] 谈话即将结束时,柏拉图通过苏格拉底的内心独白告诉我们,他这番话的另一个目的是,存心搅乱这些成年男子中的某个人。不过,柏拉图的苏格拉底并没有告诉我们,这个被他暗中修理的成年人是谁。

[3] 吕西斯和默涅克塞诺斯的家丁像精灵(daimōn)一样出现在哲人小圈子外围。我们注意到,这些家丁是外邦人,他们说一口夹生的希腊话。柏拉图也经常用 daimōn 这个词来形容苏格拉底的精灵。在 208c6,吕西斯告诉苏格拉底,这些监管奴隶的职责是把他带到老师那里去。这里

尾声 苏格拉底的困惑

塞诺斯和吕西斯的［家奴］，还有他们的亲兄弟走过来，召唤并催促他们离开，[a5]回自己的家，因为那会儿天色已晚。

起先，我们和人群站成一圈儿，试图把他们挡开。[1] 然而，因为他们没有注意到我们，于是一边冲

的细节很可能在暗示，这些异邦的奴隶恰好是吕西斯和默涅克塞诺斯的精灵，正如苏格拉底的精灵一样，其职责是阻止他们做某些事，且从不鼓励他们从政。柏拉图安排他们出场，意在中断苏格拉底和吕西斯、默涅克塞诺斯的谈话——苏格拉底的任务到此结束，他已经说出了他该说的，其余的得靠两个刚刚成年的男孩自己用余下的生命时间去探索。

1　这个哲人小圈子一开始把这些异邦的奴隶挡在自己的圈子外。《吕西斯》开场时，从苏格拉底的视角看到希珀塔勒斯这伙人杂乱地站成一群，毫无秩序（203a5）。现在，苏格拉底带领两个男孩与旁听的人群共同围成一圈，试图抵挡外人的入侵。

这场关于友爱的谈话促成了一个崭新的友爱共同体的诞生——以苏格拉底为首的哲人共同体。尽管他们最后仍

着我们发火，一边用带有蹩脚的希腊话 [223b] 一声声唤着男孩子们。我们推测，他们准是在赫耳墨斯节上喝了不少酒，很难缠。于是，我们向他们让步，敞开我们的圈子。[1]

然不得不让步，被迫打开他们的共同体入口，让两个异乡奴隶把吕西斯和默涅克塞诺斯带走。

柏拉图对话的结尾设计总是意味深长：比如《游叙弗伦》的结尾，为了最终能摆脱苏格拉底随后的批驳，胆怯的游叙弗伦找了一个借口跑掉了，为此，苏格拉底只能无奈地放弃继续论争下去的强烈欲望，那场突然中断的讨论对苏格拉底的处境极为不利（15e–16a）。在《拉克斯》快结束时，苏格拉底宣称，打算次日清晨继续讨论，理由是时间太晚了，对话人和他的讨论应该延期（201b–c）。

1 在《吕西斯》中，提到名字的谈话者共五个：苏格拉底、希珀塔勒斯、克忒西珀斯、吕西斯、默涅克塞诺斯，出现的诗人有三位：梭伦、荷马、赫西俄德。提到名字但没有参与谈话的人物有两个：德摩克拉底、米克科斯。出现神的名字四个：巴诺珀斯、赫耳墨斯、宙斯、赫拉克勒斯（半神半人），巴诺珀斯和赫拉克勒斯的名字出现在进入

尾声 苏格拉底的困惑

正当他们要离开时,我对他们说:"现在,吕西斯和默涅克塞诺斯啊,我们 [b5]——我,一个老头儿,还有你们——把自己弄得很可笑,[1]因为,我们离开的时候,在场的这些人会说:'我们当然认为,

---

摔跤场之前。谈话终场时,苏格拉底一伙人所形成的有秩序的朋友圈子,似乎在有意识地模仿《王制》中亡魂投生之前的状态(616c—617d2)。

1 《吕西斯》全篇一共出现过六次"可笑"一词,其中四次用来指称希珀塔勒斯(205b6、205c1、205d5、206a),一次是苏格拉底用来反问在场的听众(221a6)。在这里,苏格拉底首次用这个词来形容自己和两个男孩——尽管彼此已经成了朋友,可是,他们的论证至今没有得出结果。

苏格拉底显然是在反讽,或者说在善意地调侃:尽管有些人大声宣称自己拥有朋友,实际上他们与可笑的希珀塔勒斯一样,虽然在言辞上疯狂痴恋爱人,但在行动上找不到接近爱人的正确路径。换言之,大部分人自称精明能干,实际上根本不清楚自己的现实处境,意识不到自己的无知和欠然,找不到真正的善,也不是善的友爱者。

我们都是另一个人的朋友。'毕竟，我也把自己算作你们中的一个。可什么是朋友呢？我们至今还没有找到。"[1]

---

[1] 全篇最后一个词"寻找"与开篇首词"前往"形成呼应。正如这篇关于什么是朋友的对话始终没有找到最终答案一样，热爱智慧的苏格拉底始终处于友爱智慧的行动之中，这实在是一个真正爱欲者的最好姿态。

正如在柏拉图的另一篇对话《拉克斯》中，苏格拉底被雅典政客们邀来谈论什么是勇敢，然而直到这场谈话结束时，这些人仍然没有得出结论，没有猎捕到"勇敢"一词的真正含义。不过，所有的谈话者都意识到自己无知，在苏格拉底的提议下，他们打算为自己（年长的人）和青年人们找一个最好的老师（《拉克斯》201a-b），苏格拉底也答应其中一位对话者，次日一早去他家接着追踪"勇敢"。

因此，要是我们肯耐心而细致地阅读这篇对话，尽管柏拉图-苏格拉底没有就什么是朋友明确给出一个公式化、定义式的解答，但是我们实际上通过这一探问之旅获得了一种立场，一种真正的洞见，从中去辨识真正的友爱，它既是概念，又与自身生活切近。

尾声 苏格拉底的困惑

[附释]《吕西斯》的谈话这天刚好是雅典城的赫耳墨斯节。传说在这一天,冥府入口大开,亡魂们在城邦中游走;雅典的少年们恰好在这一天行成人礼,满心憧憬未来的岁月。因此,柏拉图实际在对话最后点明了《吕西斯》的主题:选择什么样的朋友意味着选择过什么样的生活。总之,在柏拉图笔下,苏格拉底跟其他人不一样,能与苏格拉底这样的人成为朋友,是一种福分。

图书在版编目（CIP）数据

吕西斯/(古希腊)柏拉图著；贺方婴译.--北京：华夏出版社有限公司，2020.4（2024.5重印）

ISBN 978-7-5080-9922-4

Ⅰ.①吕… Ⅱ.①柏… ②贺… Ⅲ.①古希腊罗马哲学 Ⅳ.①B502.232

中国版本图书馆CIP数据核字(2020)第049921号

吕西斯

作　　者	[古希腊]柏拉图
译　　者	贺方婴
责任编辑	马涛红
责任印制	刘　洋
出版发行	华夏出版社有限公司
经　　销	新华书店
印　　刷	北京汇林印务有限公司
装　　订	北京汇林印务有限公司
版　　次	2020年4月北京第1版 2024年5月北京第2次印刷
开　　本	787×1092　1/32
印　　张	6
字　　数	65千字
定　　价	45.00元

华夏出版社有限公司
地址：北京市东直门外香河园北里4号　邮编：100028
网址：www.hxph.com.cn　电话：(010)64663331(转)
若发现本版图书有印装质量问题，请与我社营销中心联系调换。